服が、めんどい

「いい服」「ダメな服」を1秒で決める

スタイリスト 大山 旬 著
須田浩介 絵

ダイヤモンド社

服選びの注意事項は、1つだけ。

余計なことはしないでください。

冒頭から、キツいひと言を書いてしまいました。
けれど、これが真実です。

「あ、これ、おしゃれかも」
そう思ってあなたが手に取る服は、おそらく、

ダサい服です。

もう少し詳しく書きましょうか。
ほとんどの男性は、アイテムそのものの「おしゃれさ」で服を手に取るはずです。
すると、実際に家で着てみたときに、しっくりこないと思うはずです。

「なんか想像したのと違うな……」

そう感じた瞬間、せっかく買った服を失敗したことに気づき、

それを認めたくないので、どうにかして着続けようとします。
知識を得ようと思って、ファッション誌やアパレルのカタログを読むかもしれません。
しかし、そこに出てくるのは、

スタイル抜群の外国人モデルです。

ブランドイメージを崩さないために完璧なスタイリングがなされています。つまり、

まったく現実味がない。

そうやって服のことが、めちゃくちゃ、めんどくさく感じてきます。
服を買って、その服を着る。
ただ、それだけのことがしたいのに、
私たちは、たくさんの「時間」や「お金」をかけ、いろいろなことを考えます。

「ダサいと思われないかな」

「この色はどうだろう」

「この柄はどうだろう」……

ああ、もういっそ服なんかどうでもいいわ。

そう言い切ってしまう人もいます。
しかし、心のどこかでは、
「ダサく思われるのは、イヤなんだよなぁ……」
と思っているはずです。
モテたいわけではなくても、
女性から、「ダサっ……」と思われて、いい気がするはずがありません。

また、男同士のおしゃれのマウンティングもしんどい。

「それ、どこのブランド?」

「服は自己投資だ」

そんな競争には、乗りたくないはずです。そして、

「ユニクロはダサい」

「いや、バレなければカッコいい」

「むしろ、ユニクロがダサいと言っていることがダサい」

と、時代は目まぐるしく変わります。
しかし、１つだけ絶対に言えることがあります。

服が、めんどい。

そこで、リセットボタンを押してもらおうと思います。
ポチっ。はい、

たった今、あなたの情報を初期化しました。

繰り返しますが、あなたが無意識に「おしゃれだ」と思って選んでいる服は、すべてダサいです。

ここで、冒頭のメッセージが大事になってきます。

余計なことは、しないでください。

変な柄を選ばないでください。
変な色を選ばないでください。
変なアイテムを選ばないでください。

普通にしててください。

でも、これって、最初のうちは意識しないとできません。

勉強は、学校でやり方を学びますし、

スポーツだって、最初はルールを教えてもらいます。

しかし、服は違ったはずです。

そもそもおしゃれな人は、どうしておしゃれになれたのでしょうか。
それは、経験値を貯めてきたからです。
学生時代からファッションに興味を持ち、いろいろな服を買っては失敗を繰り返し、その経験の中から「こういう服がおしゃれに見えるんだな」「自分にはこういう服が似合うんだな」ということを理解してきたのです。

一方でおしゃれが苦手な人は、ファッションの経験値が圧倒的に少ないです。
いつもと同じお店で、同じような服ばかりを買っている。

「ヘンなクセ」がつき、「自己流ファッション」を編み出します。

それでも若いうちは、何を着ても「それなり」に見えます。
それは、若さで服を誤魔化せるからです。

しかし、歳をとり、見た目が変わってきて、
30歳を過ぎたあたりから、そうはいかなくなってきます。
若いときと同じ服を着ていても、
「イタい」「残念」と思われ、
「着たい服 ≠ 似合う服」という逆転現象が起こります。

これではファッションの経験値は貯まりません。
とはいえ、今からトライ&エラーを繰り返しておしゃれを磨いていくのは非効率です。
そこで朗報があります。

じつは、大人の男性に似合う服は、
すでに限られています。

なのに、それを学ぶ機会がありません。

センスのある2割の人だけが、ちゃんとした服を選ぶことができ、
残りの8割の人は、ダサい服しか選べないまま人生を終えていく。

服は、そんな残酷な世界なのです。

でも、安心してください。
先ほど、あなたの情報は初期化されました。
この本では、最小限必要な服のルールだけをお伝えします。

この本は、いわば、センスのショートカット法です。

もう、服の「めんどい」はなくしましょう。
仕事に、趣味に、家族に、人生の大事なことに集中する。
そのために、アパレル業界の人には書けない本音ベースで語っていきます。

はじめに

はじめまして。

スタイリストの大山 旬と申します。

僕はスタイリストの仕事をしていますが、歳を重ねる度に、だんだん自分自身のおしゃれが面倒に感じるようになりました。

僕たちは日々たくさんのタスクを抱えています。仕事から家庭、趣味のことまで、頭の中の容量は、すでに一杯いっぱい……。服のことなんて深く考える余裕はありません。

本書を手に取ったみなさんは、ファッションにそこまで深い興味がないでしょうし、日々の着こなしについて、あれこれと頭を悩ませるなんて、きっと面倒に感じているはずです。

だからこそ、僕はこの本を書こうと思いました。

本書は、これまで世に出ているファッション本とは、明らかに違います。みなさんのファッションにおける**「ヘンなクセを取り除くこと」**にフォーカスをし、**いい服とダメな服を「1秒」で選べること**を目指します。

「センス抜群」になりたいのか？

そもそも、みなさんが考える「おしゃれ」とは、どのようなものでしょうか。ファッション雑誌に登場するような、センス抜群のおしゃれでしょうか。

きっと違うはずです。

ベーシックな着こなしの中に、ほんの少しセンスの良さが感じられる。このような**「自然体のおしゃれさ」**を求めている人が圧倒的多数です。

料理にたとえるとわかりやすいでしょう。

おいしいごはんを作ろうとして、いきなりフランス料理や料亭の和食みたいなものを目指す人はいないはずです。

簡単にできて、それでいておいしい。

それくらいのラインを目指すはずです。

ファッション雑誌に出てくるようなおしゃれを目指すのであれば、もちろんセンスは必要です。

しかし、「自然体のおしゃれ」を目指すには、センスは必要ありません。センスよりも大切なのが、ファッションの基本知識です。

「どこ」で「何」を買って、「どうやって」着るのか。

「おしゃれの基本」を知っておくことで、服の面倒はかなり減ります。

いまの時代は、おしゃれになるための最高の環境が整っています。お金をかけなくても、ベーシックでセンスの良い服が簡単に手に入ります。

では、おしゃれな人が昔よりも増えているかというと、残念ながらそんなことはありません。おしゃれな人はどんどんおしゃれになり、そうでない人は今までと大して変わらない。

どんどん差が広がっているのが現状なのです。

「レシピどおり」に服を選ぼう

先ほどの料理のたとえと同じで、お店で出せるような100点満点の料理を目指す必要はありません。

目指すのは、「80点」です。

街を見回すと、50点以下の男性がとても多いです。

それは、単純にアイテム選びをミスっているからです。

詳しくは本書の1章と2章でイラストにまとめていますが、まずはアイテム選びを間違えないことが大切です。

それだけで50点は軽く超えられるはずで、**70点くらいには簡単に届きます**。

そして、コーディネートの最低限のルールなどを3章でおさえれば、80点はクリアできます。


決して派手さはなく、ベーシックなのだけど、なんとなくおしゃれな感じがする。これくらいが日常生活において、嫌味のないコスパ最強のおしゃれです。

手間ヒマかけてないのに、超ラクしておいしい定番料理。これこそが、本書の目指すファッションのゴールイメージです。


ポイントは、**「自分らしさ」や「個性」というのはいったん脇に置くことです**。あえて型にハマってみて、レシピどおりに服を選んでみてください。

料理と同じく、レシピどおりに作れるようになったら、そこから初めて自分でアレンジをしてみるのです。

それが正しい順番です。

「コーディネートが難しい」と言っているのは、つまり、こういうことです。スーパーに行き、食べたい「食材」だけを適当に何種類か買ってきて、そこから何を作ろうかとレシピを考える。

そんな人は、料理上手の人だけですよね。

普通は、料理を考えてから、食材を選びます。

だから、本書でも、アイテム選びを大事にしています。

定番のアイテムを持っておけば、いろいろなコーディネートに着まわせます。ベースとなるキャベツや玉ねぎのような野菜や肉、玉子などを先に買うのです。いきなりパクチーやクレソンを買ってレシピを考えるようなことはやめましょう。

アイテム選びさえ間違わなければ、あとはそれを適当に組み合わせるだけで、コーディネートはなんとなく完成してしまいます。つまり大切なのは、アイテム選びのポイントを理解することなのです。

本書で紹介する定番アイテムは、絶対に揃えておくようにしましょう。

「ユニフォーム化」という提案

また、本書が目指すのは、「徹底的にラクすること」でもあります。

そもそも、普通の会社員であれば、**私服なんて、週に1～2回しか着ないはずです。**

そんなにたくさんのバリエーションなんて必要ありません。

服なんかになるべく頭を使いたくない人も多いでしょう。

そこで、ユニフォーム化という方法があります。


アップルの創業者であるスティーブ・ジョブズ氏の話は有名です。

黒のタートルネックにリーバイスのジーンズ、足元はニューバランスのスニーカー。メディアを通して見る彼の姿は、いつもこの装いでした。

これこそが、ユニフォーム化の一例です。

他にもフェイスブックのマーク・ザッカーバーグ氏や、日本ではデザイナー・建築家の佐藤オオキさんもユニフォーム化を実践しているそうです。


ユニフォーム、つまり「制服」というと、おしゃれとは無縁のような響きがあります。

しかし、実はジョブズ氏の黒のタートルネックは、ファッション業界では知らない人はいない、三宅一生《みやけいっせい》さんがデザインを担当しています。

しかも、体のあらゆる部分を採寸して、特注で作られたものです。

また、象徴的な丸メガネは、アンティーク眼鏡のエッセンスを凝縮した「ルノア」というブランドのものです。**ジョブズ氏の見慣れたスタイルの中にも、こだわりがぎっしりと詰まっています。**

それはザッカーバーグ氏も同じです。

Tシャツ1枚のシンプルなスタイルでも、適当に選んでいるわけではありません。直近の彼の姿を見ると、1枚数万円を超える、上質なTシャツを選んでいます。

このように、ユニフォームとして選ぶべき服は、何でもいいわけではありません。**最初のアイテム選びだけは、手を抜かずにおこなう必要があります。**

そうやって、最初に1割の面倒をしておくことで、その後、9割のラクをすることができるのです。

「最良の1着」を選べ！

僕自身も、最近は少しずつファッションのユニフォーム化を進めています。

たとえばシンプルな白Tシャツを選ぶのにも、複数のものをまとめ買いします。実際に数日間着用して、シルエットや着心地の良さ、洗濯後の変化などを比較します。

ベストな1枚が見つかったら、同じものを複数買います。

色違いなどは、あえて買いません。

自分が一番気に入ったものだけを揃えておく。男性はたくさんのバリエーションを楽しみたいというよりも、気に入ったものばかりを着る習性があります。自分にとってのベストな1枚を見つけたら、それだけをしばらく着るのです。

みなさんには、ぜひ、本書を通じて、**休日用の2〜3パターンのベストコーディネートを組んでいただきたい**と思います。


さて、以上が本書で伝えたいことです。

アパレル業界にいる人であれば、おそらく服が大好きで仕方なく、何十着、何百着もの服を買いそろえ、流行を追い続けることかと思います。

しかし、この本には、そのようなメッセージはありません。

「服が、めんどい」

世の男性たちが心の中に秘めている、その声に、すべて余すことなく応えていきたいと思います。

大山旬

CONTENTS

序章 服選びがめちゃくちゃラクになる3つのポイント

1章

服が、めんどい

「いい服」「ダメな服」を1秒で決める

序章

服選びがめちゃくちゃラクになる

3つのポイント

服選びをする前に、やることがあります。
それが、センスのリセットです。
今の服選びの基準を一度ゼロにして、
3つのポイントだけをおさえましょう。
「何」を「どこ」で「どうやって」選ぶのか。
スタイリストが考える「シンプルな軸」を授けます。

1

「何」を買うか
流行より
ド定番

学生時代は、何を着ていてもそれなりに見えます。

基本はTシャツ、ジーンズ、スニーカー。寒くなったらパーカー、ダウン。それだけでも「若さ」で着こなせてしまいます。

しかし、歳を重ねるとそうはいきません。

体型が変わり、顔つきが変わり、肌の質感が変わります。それなのに、似たような服ばかりを着続けてしまい、気づくと「ダサいおじさん」になってしまいます。

そこから脱するためには、服をアップデートしなくてはいけません。

といっても、流行を追ったり、高い服を買う必要はまったくありません。

「**普通の服を、普通に着る**」。それだけでいいのです。

白シャツ、ブルージーンズ、カーディガン、ニット、コートなど、定番すぎてお店の中で目立たないアイテムを揃えましょう。

おしゃれが苦手な人ほど、流行の華やかなアイテムにばかり目がいってしまいます。お店側も「商売」なので、流行アイテムを目立つように陳列しますし、お客さんにも薦めがちです。

ただ、**流行の服ばかりを揃えると、間違いなくコーディネートで迷うようになります。**

服が好きで、コーディネートに時間をかけてこだわりたい人であれば、それでもいいでしょう。しかし、「服がめんどい人」は、そんなことをする必要はありません。

本書で紹介しているド定番アイテムだけを決め打ちして、それを買うためだけにお店に行くようにしましょう。

まずは全身を定番アイテムで固めるのです。

「シャツ（50、54ページ）2枚」「ボトムス（94、98ページ）2本」「ジャケット（34ページ）1着」「コート（66ページ）1着」「靴（116、120ページ）2足」

極端な話、これだけ揃えれば週2回の休日は十分に乗り切れます。

その上で、もし流行アイテムを取り入れたくなったら、ユニクロなどのファストファッションブランドから「安い価格帯で試してみる」ようにしましょう。あくまで定番アイテムで土台を整えることが先です。

2 「どこ」で買うか ブランドより コスパ

ファッション業界や百貨店の不振、ファッション誌の休刊の話題が当たり前に聞かれるようになりました。

服に高いお金をかける時代は終わったのです。ブランド品を持っていることに価値があるという考え方は、一世代前の価値観とさえ言えます。

それに、全身をブランド物で固めていたとしても、まったく素敵に見えない人も多いです。

どんなに高い服を着ていても、おしゃれになれるとは限らないのです。

その一方で、全身がファストファッションの服でもセンスが漂い、おしゃれに見える人が増えています。

なぜなら、低価格帯のショップの中にも、素敵な服が増えてきているからです。**特に「ユニクロ」には、大人の男性にも似合うベーシックな服が並んでいます。**

本書の中でも、「ユニクロ」や「グローバルワーク」「チャオパニックティピー」などの安い価格帯の中から多くのアイテムを紹介しています。

または、少し価格帯を上げたセレクトショップの「グリーンレーベルリラクシング」「ナノ・ユニバース」「エディフィス」「ユナイテッドアローズ」などもおすすめです。

とはいえ、高い服と安い服の見た目の差は縮まり、パッと見で判断することはできなくなっています。ユニクロとユナイテッドアローズの白シャツであれば、**遠目で見ればほとんど同じです**。それなのに価格には3倍近くの差があります。

両者の違いは「微差」であり、なかなかわかりにくいものです。それでも価格帯が上がれば、生地の質感が変わり、デザインの細かな配慮が感じられ、作りも丁寧です。

ジーンズやTシャツなど、**着こなしのベースとなるアイテムはユニクロで揃え**、ジャケットやアウターなど、**視界に入りやすい主役級のアイテムはセレクトショップで買い揃える**というのも良いでしょう。

どこかに上質なアイテムが1つ入るだけでも、そのアイテムに引っ張られて、他のアイテムまでが高く見えるのです。

3

「どうやって」選ぶか
柄より
シンプル

前のページで、「ブランドよりコスパ」と書きました。

それでは、どうやって服を選べばいいのでしょうか。

結論から言いましょう。「**無地の服だけを買ってください**」。

おしゃれが苦手な人には、1つ共通していることがあります。それは、「**おしゃれに見えそうな服ばかりを選んでいる**」ということです。

・複雑なデザイン
・ちょっとした遊び
・珍しい柄
・鮮やかな色

これらを「おしゃれだ」と勘違いしている人が多いです。

その感覚を徹底的にリセットしましょう。

基本的に、「無地」しか手に取らない。そして、ちゃんと試着して「サイズ」をしっかりと見る。柄ではなく、シルエットで選ぶ。これが正しい服の選び方です。

色も同じです。お店のカラーバリエーションに惑わされてはいけません。

「ネイビー」「ブラック」「ホワイト」「グレー」「ベージュ」の5色だけに絞ります。

赤や黄色などの鮮やかな色は、基本的にすべて選択肢から外します。

そうやってシンプルなものばかりを選んでいると、そのうち「なんか退屈に見えるな」と感じる瞬間が訪れると思います。

そこで初めて、柄物の服を買うようにします。

着こなしのベースが無地のもので揃っているので、その中に柄物を取り入れてもバランスよく見えます。

これこそが、センスよく見える秘訣なのです。

1章

服が、めんどい

「いい服」「ダメな服」を1秒で決める

まずは、ザッと目を通してください。
「いい服」「ダメな服」を見比べるだけでもＯＫです。
何を買うのかを明確にしておけば、決して迷うことはありません。

揃えたい服が決まったら、「選び方」「お店」「サイズ」を見ましょう。
コーディネートは、「こうやって着よう」を参考にしてください。
「きれいめ」と「カジュアル」のバランスをとるのがポイントです。
（１７３ページの表を参照してみてください）
顔が動物になっていますが、それは、「誰が着ても似合うから」です。
気にせず、自分に置き換えてみましょう。

※服の価格はすべて参考価格です

【ジャケット】

大人の男なら
着心地のいい
休日用ジャケットを
1着持とう

たったこれだけ！
いい服の選び方

・デザインは「オーソドックスな2つボタン」で「肩パットのない軽量で着心地の良いもの」を
・色は「青みが感じられるネイビー」（ブラックはスーツっぽいのでNG）
・「ソロテックス」という高機能素材は軽くて高級感もあるのでおすすめ

お店選び

・主役級アイテムなので、少し背伸びして買い揃える。「ナノ・ユニバース」（1万円）、「グリーンレーベル」（1万7000円）、「ユナイテッドアローズ」（2万4000円）などがおすすめ

サイズ選び

・大きすぎず、ピチピチすぎない「ジャストサイズ」を選ぶ（前ボタンを留めた状態で、握りこぶしがギリギリ入るくらいがベスト）
・「お尻の中間よりもやや長めくらい」が適正（スーツのようにおしりが隠れてしまうようだと長すぎる）
・袖は、親指の先からジャケットの袖までが「10～11センチ」になるように

これは
ダメな服…

袖が7分丈になっていたり、袖の折り返しにチェック柄が入っているような「装飾的なジャケット」は子どもっぽく見えるのでNG

【ジャケット】は
こうやって
着よう！

カジュアル × きれいめ

ボーダーTシャツ
p.086

ジャケット
p.034

ブルージーンズ
p.094

スニーカー
p.118

あえて
カジュアルに
着崩す

80点
-コスパ最強-

ジャケットを極める

ネイビージャケットはカジュアル着の中で最もきれいめなアイテムです。単体で見ると、少し固すぎるように見えますが、使い方次第で大人っぽい着こなしが完成します。

ジャケットといっても、ほぼスーツのようなカチッとしたものから、軽量で着心地のよいものまで、選択肢は広いです。休日用のジャケットとして選びたいのは後者です。ややラフなものを選びましょう。

一緒に着るアイテムは、カジュアルなものにします。ジャケットの下に襟付きの白シャツを合わせてしまうと、堅苦しい雰囲気になってしまいます。無地の白Tシャツやボーダーシャツを合わせましょう。シャツを着る場合は、ストライプ柄のバンドカラーシャツ（60ページ）を選びます。襟がないぶん、ジャケットと合わせても堅苦しい雰囲気にはなりません。

ボトムスも同じです。ブルージーンズを合わせることで、カジュアルな雰囲気が加わります。また、ブラックジーンズもよく合います。「ネイビー×ブラック」という濃い色同士の組み合わせでも、微妙に色が異なるため、おしゃれに見えます。

他にも、ホワイトジーンズとの組み合わせは、春夏の爽やかな雰囲気にぴったりです。コントラストが効いておしゃれに見えます。

靴はスニーカーを合わせてラフに着こなします。また、ローファーを取り入れるとこぎれいな着こなしが完成します。さまざまなアイテムとの相性がよく、まさにネイビージャケットはコスパ最強の1着と呼べます。

【ニット】

おしゃれな人ほど
活用する上品アイテム！
春、秋、冬の3シーズン
で使い倒そう

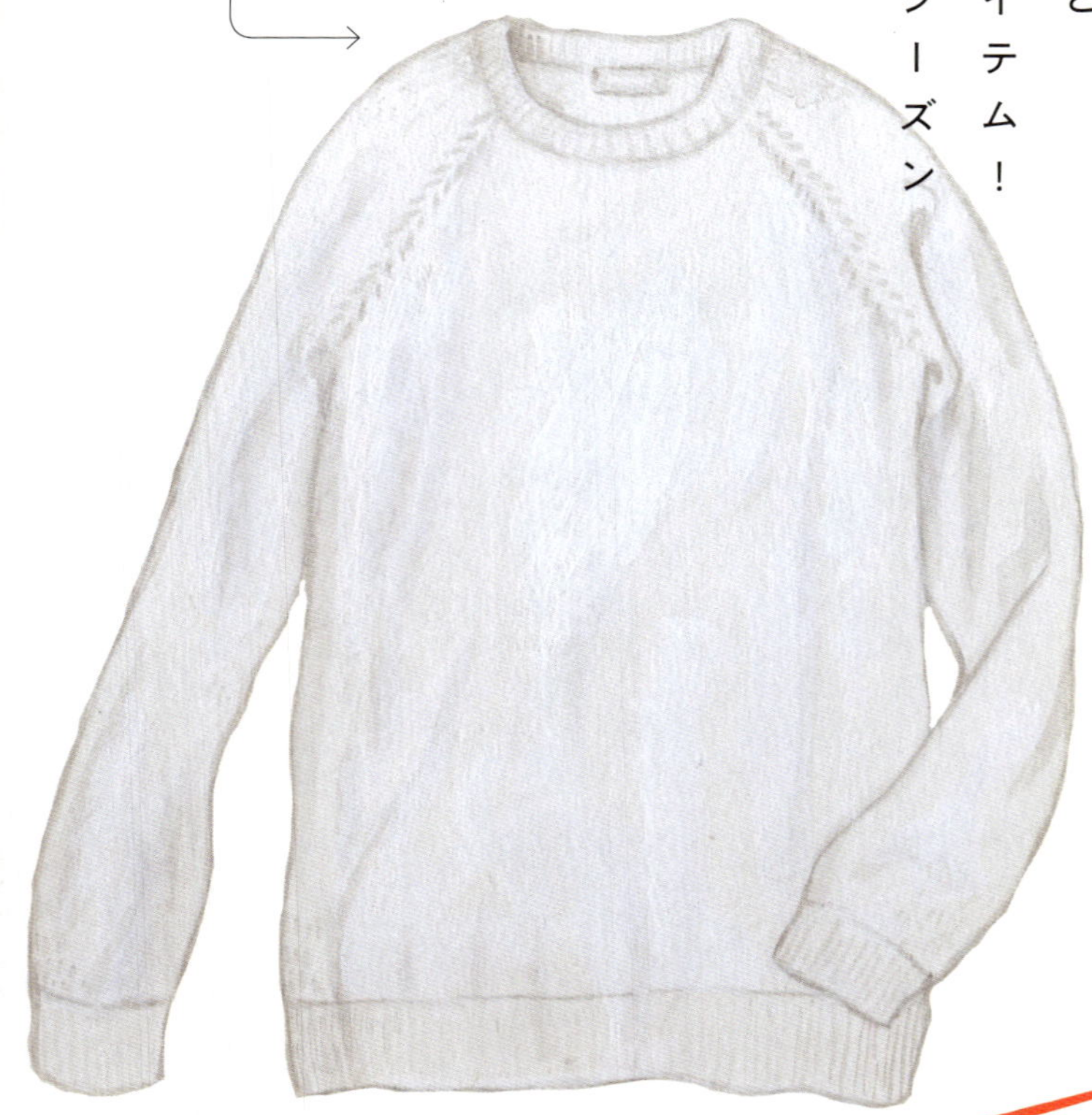

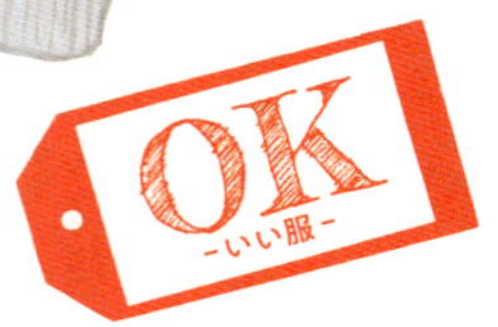

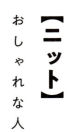

たったこれだけ！ いい服の選び方

・デザインは「無地の単色」
・襟の形は「丸首」
・色は「ネイビー」「グレー」「ホワイト」
・ニットの厚さは「中肉厚」
・特にホワイトニットは、着こなし全体が明るくなるのでおすすめ

お店選び

・基本は「ユニクロ」（4000円）でＯＫ
・投資したい人は、「グリーンレーベル」（8500円）、「トゥモローランド」（1万5000円）

サイズ選び

・着たときに「適度なゆとり」があるものがちょうどよい（ピタピタすぎはNG）
・流行の「大きめサイズ」は難易度が高いので要注意

これは
ダメな服…

「柄の入ったもの」や「複数の色を使ったもの」は、大学生のような印象を与えるので避ける。Ｖネックの襟もややキザっぽい

【ニット】は
こうやって
着よう！

カジュアル × きれいめ

カジュアル

- ブルージーンズ p.094
- 黒のレザースニーカー p.116

きれいめ

- 丸首ニット p.038
- 時計 p.144
- アクセサリー p.148

ニットの下から
シャツをのぞかせると
上級者！

80点
-コスパ最強-

ニットを極める

ニットにはさまざまな厚みのものがあり、薄手で目が細かいものから、厚手でざっくりと編んだものまであります。中でもおすすめなのが、中肉厚のニットです。

薄いニットは痩せ型の人には似合いますが、ぽっちゃり体型の人にはピチピチになるのであまり似合いません。一方で厚すぎるニットは上にアウターが羽織りにくいです。そこで、中肉厚のニットを選べば、体型を気にせずに使えるのです。

素材は春であればコットン、秋はウールを選ぶとよいでしょう。

ネイビーの丸首ニットにグレーパンツを合わせれば、大人っぽい着こなしにまとまります。グレーのニットにはブラックジーンズを合わせてすっきりと見せます。

冬には上にコートを羽織ればコーディネートが完成します。グレーニットの上にネイビーのチェスターコートを。白ニットの上にベージュのステンカラーコートを羽織るのも素敵です。

また、ニットの下に丸首のTシャツを着て、襟元から少しのぞかせるのもおしゃれです。たとえば白無地Tシャツの上にネイビーの丸首ニットを重ねて着ると、襟元から白Tシャツが少しだけのぞきます。ほんの数センチ白がのぞくだけでも、着こなしに明るさが足せますので、軽快な印象になります。

あるいは、シャツの上にニットを重ねて、レイヤード（層）をつくるのも素敵です。ニットは重ね着の一部としても重宝しますので、ぜひ試してみてください。

【カーディガン】

学生カーディガンは卒業！
とことんシンプルな大人カーディガンで
引き締める

たったこれだけ！ いい服の選び方

・デザインは「退屈なくらいシンプル」に
・ボタンは「５つ」あるいは「ボタンなし」でもＯＫ
・色は「ネイビー」「ブラック」

お店選び

・基本は「グローバルワーク」「チャオパニックティピー」(4000円)
・投資したい人は、「グリーンレーベル」(8000円)、「エディフィス」(1万3000円)で上品なものを

サイズ選び

・「適度にゆとりがあるもの」を選ぶ（タイトなものや大きすぎるものはＮＧ）
・ニットの生地の厚さは体型によって似合うものが変わる。痩せ型の人は「薄手のもの」を。普通～ぽっちゃり体型の人は「やや生地に厚みがあるもの」を選ぶ

これは
ダメな服…

縁のライン（パイピング）を施していたり、袖丈が短かったり、２色以上使っているなど、デザインにひと工夫を加えたものは避ける。いかにも大学生っぽく見える

【カーディガン】は
こうやって
着よう！

カジュアル × きれいめ

カジュアル	きれいめ
丸首Tシャツ p.082	カーディガン p.042
白のレザースニーカー p.116	スラックス p.102

ボタンは
留めずに
ラフに羽織る

80点
-コスパ最強-

カーディガンを極める

「Tシャツ1枚では肌寒いけど、ジャケットを羽織るほどでもない……」

そんなときに活躍するのが、カーディガンです。軽く羽織るだけで体温調整もできますし、ニット素材が持つ上品さのおかげで、見た目が大人っぽくまとまります。メンズファッションにおける定番アイテムであり、1枚持っておいて損はありません。

カーディガンのコーディネートはとても簡単です。白の丸首Tシャツにネイビー（またはブラック）のカーディガンを羽織れば、シンプルで上品な休日着が完成します。ネイビーとホワイトのコントラストのおかげで、清潔感の漂うコーディネートになります。

また、ボーダーTシャツ（86ページ）の上にカーディガンを羽織るのもおすすめです。ボトムスはブルージーンズでカジュアルにするのもよいですし、右のイラストのようにグレースラックスでこぎれいにまとめるのもよいでしょう。カーディガンの袖を軽くたくしあげて、腕を見せるとこなれて見えます。

あるいは、シャツの上にカーディガンを羽織るのも素敵です。白シャツにネイビーカーディガンを合わせる着こなしはまさに王道です。60ページのストライプのバンドカラーシャツにネイビーカーディガンを合わせると、同じブルー系のグラデーションでまとまりが生まれます。

靴はレザースニーカーがよく合います。秋冬にはスエードのローファーやデザートブーツを合わせて季節感を出すのもおすすめです。

【パーカー】

脱・部屋着！
大人っぽいパーカー選びで
まわりと大きく
差がつく

たったこれだけ！ いい服の選び方

・パーカーには「ジップの付いたもの」と「被って着るプルオーバータイプ」の２種類がある。どちらを選んでもOK

・できるだけ「シンプル」なデザインを選ぶ

・色は「ネイビー」「ブラック」を選ぶ（ライトグレーは部屋着っぽく見えるのでＮＧ）

お店選び

・「ユニクロ」のスウェットプルパーカー（3000円）が優秀。もう少し投資したいなら、「ナノ・ユニバース」（8000円）

・本格的なパーカーなら、「ループウィラー」（2万円）が、大人っぽく上品に見せるなら「シーグリーン」（2万2000円）もおすすめ

サイズ選び

・タイトすぎず、ゆるすぎず、「自分の体に合ったもの」を選ぶ

・「着丈が長すぎないか、袖が長すぎないか」をしっかり確認する

これは
ダメな服…

裏地にチェック柄が入っているものや派手な色のものは、子どもっぽく見えるので避ける。濃いめの落ち着いた色で大人っぽさを

【パーカー】は こうやって 着よう！

カジュアル × **きれいめ**

カジュアル

- パーカー p.046
- 丸首Tシャツ p.082
- 白のレザースニーカー p.116

きれいめ

- ブラックジーンズ p.098
- 時計 p.144

ボトムスは
絶対に
「きれいめ」を

80点
-コスパ最強-

パーカーを極める

パーカーには「部屋着っぽい」「学生っぽい」など、ネガティブなイメージを持ってる人も多いはずです。たしかにパーカーにはカジュアルすぎる雰囲気が漂っています。

しかし、多くの男性が避けているだけに、パーカーをおしゃれに着こなすことができれば大きな差がつきます。

パーカーは、時代によって旬なフィット感が変わります。ただ、違和感のない通常のサイズを選んでおけば、大きく失敗することはありません。

カジュアルな雰囲気のパーカーには、ブラックジーンズやスラックスなど、きれいめなボトムスを合わせます。

「パーカーにジーンズ」といった、ラフすぎる服装は絶対NGです。どこかにきれいめな要素がないと、学生っぽさが出ます。

たとえばネイビーのパーカーにはブラックジーンズ、ブラックのパーカーにはグレースラックスを穿くようにします。

また、パーカーは重ね着にも重宝します。春先にはパーカーの上にステンカラーコートを羽織るのがおすすめです。ビジネスっぽい雰囲気を持ったコートとカジュアルなパーカーの組み合わせは、とてもおしゃれに見えます。

パーカーの魅力は着飾りすぎない「ラフさ」にあります。うまく着こなせば女性からの印象は抜群によいです。ぜひ、選び方・着方をマスターしておきましょう。

【シャツ】

大人の休日着の
鉄板アイテム！
めんどくさいときも
これさえあれば
間違いない

たったこれだけ！ いい服の選び方

・デザインは「とことんシンプル」
・襟の形は「ボタンダウン」か「レギュラーカラー」
・色は「白」、素材は「コットン」
・1年を通して使うので、なるべく上質なものを揃える
・ゆとりのあるシルエットのものも増えてきたが、流行に左右されない、体にフィットしたものを選ぶ

お店選び

・ユニクロでも買えるが、少し価格帯を上げて「グリーンレーベル」(8000円)がおすすめ
・さらに質を上げるなら、「エディフィス」(1万2000円)、「ユナイテッドアローズ」(1万4000円)

サイズ選び

・着丈は、裾の先端が「お尻の中間あたり」にくるように(裾が長すぎる場合はお直しを)
・身幅は、「軽く両脇をつまめる程度」に。ゆとりがありすぎてもピチピチすぎてもNG

これは
ダメな服…

装飾の入ったシャツは避ける。ボタンが黒かったり、縫い糸に色が入っていたり、ブランドのロゴやワッペンの入ったものもダメ

【シャツ】は
こうやって
着よう！

カジュアル × きれいめ

- ブルージーンズ p.094
- 白シャツ p.050
- スニーカー p.118
- 時計 p.144

腕まくりで
「こなれ感」を

80点
-コスパ最強-

シャツを極める

白シャツは休日着の中でも最も定番的なアイテムです。ビジネス着としてのイメージが強いため、着るだけで「こぎれい」に見えます。また、白という色には抜群の清潔感が漂います。服が面倒な日には、これさえ選んでおけば間違いありません。

白シャツは主役として1枚で着る機会も多いですし、秋冬には重ね着の土台にもなります。

シンプルなので、何かを付け加えたくなる気持ちもわかりますが、そこはグッと我慢。装飾が入ることでコーディネートが難しくなり、安っぽく見えてしまいます。人との違いを出すのであれば、価格帯を上げて素材の質を上げるようにしましょう。

白シャツは「きれいめ」なアイテムです。カジュアルなアイテムと合わせることで、ラフな雰囲気を取り入れましょう。たとえばブルージーンズやスニーカーと合わせます。

一方でスラックスやレザーシューズ、ネイビージャケットなど、きれいめなアイテムだけで全身を構成すると、まるでビジネス着のような雰囲気になってしまい、堅苦しく見えてしまいます。

シャツの裾は「イン」をせずに、外に出して着ましょう。インをすると、ビジネス着っぽい雰囲気が強調されます。カジュアルな雰囲気を出すためには裾を出すのが効果的です。

白シャツの上にカーディガンやジャケット、着丈の長いコートなどを合わせたシンプルな着こなしは女性からも好印象です。

【ストライプシャツ】

退屈な着こなしに
アクセントを！
ストライプ柄だけで
おしゃれに見える

たったこれだけ！
いい服の選び方

・ストライプの幅は「3～5ミリ程度」を目安に（幅が広いほどカジュアルな雰囲気になる）
・ビジネス用のシャツよりも「やや太めのストライプ」を選ぶとカジュアルな雰囲気が出せる
・色は「ブルー×ホワイト」で構成されているものがおすすめ

お店 選び

・「グローバルワーク」（4000円）で十分（白シャツに比べると値段の違いがわかりにくいため）
・投資したい人は「グリーンレーベル」（8000円）、「エディフィス」（1万2000円）

サイズ 選び

・「白シャツ」（50ページ）と同様に、両脇を軽くつまめるくらいが目安
・2着目を買う余裕があれば、「少しゆとりがあるサイズ」でも○

これは
ダメな服…

柄が複雑なものはＮＧ。コーディネートが一気に難しくなる。「高い襟」や「黒いボタン」もキザに見えるので、女性からの印象はよくない

【ストライプシャツ】は こうやって 着よう！

カジュアル × きれいめ

白のレザースニーカー
p.116

ストライプシャツ
p.054

スラックス
p.102

柄は
全身で
1つだけ！

80点
-コスパ最強-

ストライプシャツを極める

柄物のアイテムは基本的にNGですが、1つだけ例外があります。ストライプ柄は誰にでも似合いやすく、気軽に取り入れやすい柄です。「白シャツだとちょっとシンプルすぎるな」「着こなしにアクセントを加えたい」。そんなときにこそ役立つのがストライプシャツです。

とはいえ、ストライプというだけで十分にアクセントになるので、凝ったデザインのものは選ばず、シンプルなものを選びましょう。

着こなし全体を見たときに、「何か物足りないな」と感じたときこそ、ストライプシャツの出番です。たとえば白シャツにブルージーンズ、ネイビーのステンカラーコートという着こなし。悪くはありませんが、どこか退屈さを感じてしまいます。そこで白シャツをストライプ柄に替えてみる。この1点だけでアクセントが加わり、おしゃれな雰囲気が漂います。

特にシャツの上にジャケットやカーディガンを羽織るときには、シャツに柄が入っているほうがかえってバランスが良いです。柄の半分は隠れてしまうので、派手さを感じることがありません。

一方で1つのコーディネートの中に柄物がいくつもあるのは「やりすぎ」です。アクセントの要素は1つで十分です。ストライプ柄のシャツを着るときには、他のアイテムはシンプルになるよう注意しましょう。また、シャツは第一ボタンを開けて着るのが基本ですが、あえて第一ボタンを留めて、こぎれいに着るのも旬な着こなしです。

【バンドカラーシャツ】

見慣れないからこそ
手放せなくなる！
特徴的な襟で
新鮮さを出そう

たったこれだけ！ いい服の選び方

・「細い帯状の襟」が特徴
・色は、「ブルーやネイビーの無地」か「ブルー×ホワイトのストライプ」を選ぶ
・無地の白はシンプルすぎるので、ややアクセントの要素があるものを選ぶのがポイント

お店選び

・基本は「グローバルワーク」（4000円）や「ナノ・ユニバース」（5000円）がおすすめ
・価格帯を上げるなら、「ユナイテッドアローズ」（1万3000円）

サイズ選び

・「白シャツ」（50ページ）と同様に、両脇が軽くつまめるくらいが目安
・裾は、「おしりの付け根くらいまでの長さ」にする（通常のシャツよりもカジュアルなので、やや丈の長いものを）

これは
ダメな服…

「半袖」や「シワのあるリネン素材」、特に「ベージュ色」のバンドカラーシャツは避ける。地味な色・デザインだと、一気に「昭和のおじさん感」が漂う

【バンドカラーシャツ】は こうやって 着よう！

カジュアル × きれいめ

バンドカラーシャツ p.058

ブラックジーンズ p.098

白のレザースニーカー p.116

時計 p.144

1枚でも
重ね着でも
アクセントになる

80点
-コスパ最強-

バンドカラーシャツを極める

ここ数年、街でよく見かけるようになったのがバンドカラーシャツです。

トレンド要素の強いシャツですが、長い歴史を持つクラシックなスタイルのシャツです。

やや特徴的なアイテムのため、最初のうちは見慣れないかもしれません。まずは手頃な価格帯のものから取り入れてみましょう。何度か着ているうちにきっと手放せないアイテムになるはずです。

バンドカラーシャツは、どんなボトムスにも相性抜群です。ブルージーンズに合わせてラフさを取り入れるのもいいですし、襟がないので、ブラックジーンズやスラックスのようなきれいめなボトムスと合わせてもビジネスっぽくなりません。

ブルージーンズを穿くときは、無地のシャツでこぎれいに。ブラックジーンズやスラックスを穿くときは、ストライプ柄でアクセントを加えます。

また、シャツの上にジャケットやコートを羽織るのもおすすめです。襟元がいつものシャツと違うだけでおしゃれに見えます。

アウターを羽織る場合は、ストライプ柄を選んでアクセント要素を加えるようにします。バンドカラーシャツの上に丸首ニットを重ねて着るのもおすすめです。着こなしに奥行きが出るのでセンスよく見えます。

靴はスニーカーだけではなく、ローファーもよく合います。きれいめな着こなしにまとまるので、ぜひ試してみてください。

【リネンシャツ】

「夏は半袖」という
常識は捨てる！
ラフなリネンシャツを
腕まくりして着る

たったこれだけ！
いい服の選び方

・デザインは「無地の長袖」を選ぶ
・色はシンプルな「白」、もしくは大人っぽく見える「ネイビー」にする
・アクセントを加えたいなら「ミントグリーン」や「ライトブルー」もおすすめ

お店選び

・手頃な価格帯だと、「グローバルワーク」「チャオパニックティピー」（4000円）
・質を上げるなら、「ナノ・ユニバース」（8000円）や「ユナイテッドアローズ」（1万3000円）

サイズ選び

・シャツの丈は前と後ろで長さが異なるので要注意。後ろから見たときに「長すぎない」ようにする（長すぎるならお直し。数センチ短くするだけで大きく印象が変わる）
・腕まくりして着ることが多いので、袖は多少長くても大丈夫

これは
ダメな服…

チェック柄のリネンシャツはNG。チェック柄は着こなすのがとても難しい。複数の色を使ったものは野暮ったく見える。また、半袖のリネンシャツもくたびれた休日のお父さんのように見えるので避ける

【リネンシャツ】は こうやって 着よう！

カジュアル × きれいめ

サンダル
p.124

リネンシャツ
p.62

ホワイトジーンズ
p.106

アクセサリー
p.148

「ライトブルー」は
アクセントになる

80点
-コスパ最強-

リネンシャツを極める

夏に活躍するのがリネンシャツです。襟付きのシャツなのでこぎれいに見えますし、リネン特有のシワ感のおかげで、ラフな雰囲気も漂います。

どうしてもカジュアルになりすぎてしまう夏に、適度に大人っぽさを感じさせてくれるリネンシャツは重宝します。

しかし、半袖や7分丈などの「中途半端な丈」は子どもっぽく見えてしまいます。長袖を腕まくりして着るのがおすすめです。

リネンシャツは、値段を上げることで素材の上品さ、シルエットの美しさが感じられるようになります。実際に試着をして、しっくりくるものを選びましょう。

白のリネンシャツにブルージーンズを合わせるだけでも、大人っぽい夏の着こなしが完成します。

あるいは、ネイビーのリネンシャツにホワイトジーンズを合わせるスタイルもおすすめです。上下でコントラストを付けることでおしゃれに見えます。ライトブルーのリネンシャツにはネイビースラックス、ネイビーのシャツにはホワイトジーンズを合わせ、全身が重たく見えないように注意しましょう。

また、リネンシャツの重ね着にもトライしてみてください。ボーダー柄のTシャツ（86ページ）の上にリネンシャツを重ねて着ましょう。このときは前ボタンは開けます。同じアイテムでもボタンを開けて着ることでまったく表情が変わります。

【ステンカラーコート】

春秋に活躍する
きれいめコート。
季節ごとに使い分けて
差をつける

たったこれだけ！ いい服の選び方

・デザインは「ビジネスシーンでも使えるシンプルなもの」を
・素材は「コットン」や「ポリエステル」製の軽量のものを選ぶ
・色は「ネイビー」「ブラック」などの濃い色。あるいは、春先には「ベージュ」がおすすめ

お店選び

・コートは目立つアイテムなので、しっかりと投資する。「アーバンリサーチ」(1万2000円)、「グリーンレーベル」(1万5000円)
・さらに余裕のある人は、コート作りに定評のある「トラディショナルウェザーウェア」(2万5000円)

サイズ選び

・元々ゆとりを持たせたデザインになっているので、「袖が長すぎないか」を確認する(長い場合はお直しを)
・丈の長さは流行によって変化するが、「膝上５センチくらい」でＯＫ(短すぎると子どもっぽく、長すぎると野暮ったく見える)

これは
ダメな服…

襟が立ち上がった「スタンドカラーコート」はビジネスのイメージが強すぎるので、私服ではＮＧ

【ステンカラーコート】はこうやって着よう！

カジュアル × きれいめ

カジュアル	きれいめ
ブルージーンズ p.094	ステンカラーコート p.066
黒のレザースニーカー p.116	丸首ニット p.038

前ボタンは
留めずにラフに
羽織る

80点
-コスパ最強-

ステンカラーコートを極める

コートの中で最も定番的なのがステンカラーコートです。しかし、あまりにデザインがふつうすぎるため、店頭に置いてあってもなかなか視界に入らないことが多いはずです。体型に左右されずにどんな人にも似合いやすいコートなので、ぜひ1着持っておきましょう。

ビジネスシーンで用いられる機会の多いコートですが、コーディネート次第でカジュアル着に落とし込むことができます。

たとえば、ホワイトやグレーの丸首ニットの上にコートを羽織ってみる。またはストライプシャツやバンドカラーシャツの上に羽織るのもよいでしょう。

ボトムスは、ブルージーンズでカジュアルさを足したり、ブラックジーンズで引き締めてもバランスがよいです。あるいは、ホワイトジーンズを合わせてコントラストを高めた着こなしも爽やかに見えます。春先におすすめのコーディネートです。

上級編にはなりますが、パーカーの上にコートを羽織るスタイルもおしゃれに見えます。コートが持つこぎれいさとパーカーのカジュアルさが程良いバランスを生みます。

靴は白や黒のレザースニーカーがよく合います。ニューバランスのスニーカーで親しみやすさを出すのもよいでしょう。

また、スエードのデザートブーツを合わせれば、季節感の漂う秋の着こなしが完成します。

【チェスターコート】

冬はダウン以外に
この1着！
大人っぽさを
手軽に取り入れる

たったこれだけ！
いい服の選び方

・デザインは退屈なくらいシンプルなものを
・素材は「ウール」や「カシミヤ」をブレンドしたものを
・色は「ネイビー」「グレー」などのオーソドックスなものを選ぶ（面積が広いのでブラックだと重く見える）

お店選び

・「ユニクロ」（1万5000円）は素材が上質でシルエットも美しくてコスパ最強
・質を上げるなら、「グリーンレーベル」（2万円）、「エディフィス」（2万5000円）

サイズ選び

・タイトすぎず、ゆったりしすぎない「着ていて違和感のないサイズ」を選ぶ
・着丈は「膝上5〜10センチくらい」を目安にする（短すぎるとスタイルが悪く見え、膝よりも長いと野暮ったく見える）
・お店によってサイズのバランスや着丈の長さが大きく変わるので要注意

これは
ダメな服…

着丈の短いダッフルコートはNG。ボタンまわりのデザインがごちゃごちゃしているため、子どもっぽく見える。スタイルも良くは見えない

【チェスターコート】は
こうやって
着よう！

カジュアル × きれいめ

ブルージーンズ p.094
丸首ニット p.038
白のレザースニーカー p.116
チェスターコート p.070

マフラーとの
相性も抜群！

チェスターコートを極める

チェスターコートは12月から3月頃まで活躍する、真冬用のコートです。

ジャケットの着丈をそのまま長くしたようなデザインが特徴です。

元々はビジネスシーンで用いられるコートなので、私服で使うとこぎれいな印象を与えることができます。

チェスターコートはきれいめなアイテムです。あえてカジュアルなアイテムを合わせることで、ラフな雰囲気を加えましょう。

コートの下には丸首ニットを合わせます。ホワイトやミディアムグレーを選ぶことで、着こなしに明るさを足すとよいでしょう。ボーダー柄のニットでカジュアル感を足すのもおすすめです。

ボトムスはブルージーンズでカジュアルさを足してみる。またはブラックジーンズで引き締めるのも効果的です。

一方で、スラックスを合わせるとビジネス着っぽくなりすぎてしまうので、白のニットを取り入れたり、足元をスニーカーにすることで、カジュアルさを足していきましょう。

また、チェスターコートは首元が開くデザインなので、マフラー（152ページ）を取り入れるとよいでしょう。防寒性が高まりつつ、おしゃれのアクセントにもなります。

【ナイロンジャケット】

着心地バツグン！
スポーティーなアイテムを
普段着に取り入れる

たったこれだけ！ いい服の選び方

・デザインはなるべくシンプルなものを
・色は、「ブラック」「ネイビー」の2択のみ
・「ザ・ノース・フェイス」や「アークテリクス」など、デザイン性に優れたアウトドアブランドのものを選ぶ

お店選び

・コスパがいいのは「ユニクロ」のブロックテックパーカ（6000円）
・スポーツブランドならば、「ザ・ノース・フェイス」（1万5000円）と「アークテリクス」（2万3000円）がおすすめ

サイズ選び

・ややサイズにゆとりのある「軽く羽織れるもの」を選ぶ
・下に重ね着をしてもゆとりを感じるくらいが適正サイズ（ニットを着た状態で試着してみて、タイトに感じるようならサイズを１つ上げる）

これは ダメな服…

いかにもスポーツ着っぽく見えるようなものは、カジュアル着に馴染まない。ブランドロゴが大きく入ったもの、ビビッドな色のもの、多色使いのもの、柄物は避ける

【ナイロンジャケット】は こうやって 着よう！

カジュアル × きれいめ

- ナイロンジャケット p.074
- スラックス p.106
- ボーダーの丸首ニット p.038
- 白のレザースニーカー p.116

上半身にゆとりを持たせて、ボトムスで引き締める

80点
-コスパ最強-

ナイロンジャケットを極める

ナイロンジャケットはスポーツやアウトドアに適した、薄手のアウターのことを指します。いわゆるウィンドブレーカーのようなものを想像してみてください。カジュアル着とはあまり関係のないように思うかもしれませんが、ナイロンジャケットをカジュアル着の中に落とし込む、「スポーツミックス」は定番的なスタイルです。

ナイロンジャケットは着心地もよく、機能性に優れています。最近ではセレクトショップでも取り扱いがあり、デザイン性の高いものが増えています。おしゃれな人を観察していると、ナイロンジャケットをうまく活用している人がとても多いです。

ナイロンジャケットはカジュアルなアイテムです。他のアイテムはきれいめなものを合わせましょう。

ナイロンジャケットの下には丸首のニットが合います。内側に白を取り入れることで、コントラストの効いた爽やかな着こなしになります。また、グレーのニットを合わせれば大人っぽい雰囲気にまとまります。

そして、意外によく合うのが白シャツです。第一ボタンまで留めて、こぎれいに着こなすことで、上品な大人のスポーツミックスが完成します。

ボトムスはカジュアルなブルージーンズではなく、ブラックジーンズやグレーのスラックスを選ぶと、バランスがとれます。全身が暗めになりがちなので、足元には白のレザースニーカーを合わせて、明るさを足しましょう。

【ダウンジャケット】

冬の定番アイテム
だからこそ
「防寒」以外の
おしゃれ要素を考える

たったこれだけ！
いい服の選び方

・デザインは「とことんシンプル」に
・素材は「テカテカした光沢がないもの」を選ぶ
・色は「ネイビー」や「ブラック」などの濃いものを選ぶ

お店選び

・「ユニクロ」のシームレスダウンパーカ（1万5000円）がとても優秀
・投資したい人は、「ナノ・ユニバース」の西川ダウン、「ビューティ＆ユース」のダウン（どちらも3万円）がおすすめ

サイズ選び

・できるだけ「体にフィットしたサイズ」を選ぶ（着膨れしないように、ちょっとタイトめがちょうどいい）
・着丈は、「腰位置くらい」の短めのものを選ぶ
・前のジップを締めて腕を下におろしたときに、腕と体の間に少し空間ができるものが理想

これは
ダメな服…

ダウンの定番であるユニクロのウルトラライトダウンは人とカブるのでNG。また、赤や緑などの派手な色はコーディネートが難しくチープに見えるので避ける

【ダウンジャケット】は こうやって 着よう！

カジュアル × きれいめ

カジュアル	きれいめ
ダウン p.078	丸首ニット p.038
白のレザースニーカー p.116	ブラックジーンズ p.098

ボリュームが
あるぶん、
ボトムスはタイトに

80点
-コスパ最強-

ダウンジャケットを極める

真冬の防寒着として欠かせないのがダウンです。着丈が短いので動きやすいですし、なんといっても抜群に温かい。誰にとっても手放せない、真冬の定番アイテムです。一方でダウンはモコモコとした形状のため、着膨れして見えてしまいます。実は苦手に感じている人が多いアイテムでもあります。

ダウンはカジュアルなアイテムです。それだけに合わせるアイテムまでカジュアルだと、どうしても子どもっぽく見えてしまいます。ダウンの内側には白やグレーの丸首ニットを合わせましょう。ニットのこぎれいさが、ダウンのカジュアルさを和らげてくれます。

ボトムスは細身のブラックジーンズでコンパクトにまとめるのが鉄板です。ダウンの形状として横にボリュームが出るのは避けられないので、ボトムスでシルエットを引き締めるとバランスが整います。

また、意外にもグレーのスラックスのようなきれいめなボトムスもよく合います。スラックスの丈はやや短めに仕上げて、少し軽快さを出すとダウンにもよくハマります。ホワイトジーンズを合わせて、暗くなりがちな冬のコーディネートに明るさを足すのもおすすめです。

靴は白のレザースニーカーが鉄板ですが、ベージュのデザートブーツやブラウンのローファーと合わせてこぎれいにまとめるのもよいでしょう。

全身がカジュアルになりすぎないように、他のアイテムできれいさを足すことを意識してください。

【Tシャツ】

余計なデザインは
必要なし！
シンプルTシャツを
重ね着に活かす

たったこれだけ！ いい服の選び方

・デザインは「とことんシンプルな丸首」
・色は「白」「ネイビー」
・特にネイビーは「きれいめ」に見えて、着痩せ効果もある
・「無地の胸ポケット」があるものは特におすすめ

お店選び

・ユニクロと著名デザイナーとのコラボレーション企画である「Uniqlo U」(1500円)の無地Tシャツが優秀
・もう少し質を上げたいなら、「グリーンレーベル」(4000円)、「ユナイテッドアローズ」(6000円)

サイズ選び

・着たときに「適度なゆとりがあるもの」を選ぶ
・着丈が長すぎると服に着られているように見えるので、「お尻の中間くらい」までが◎

これは
ダメな服…

Vネックが数年前に流行ったが、そのブームも一段落。Vの開きが大きいほどセクシーさが増し、女性ウケも悪い

【Tシャツ】は
こうやって
着よう！

カジュアル × きれいめ

Tシャツ p.082
スラックス p.102
スニーカー p.118

この上に
「ジャケット」
「カーディガン」を
羽織るだけで◎

80点
-コスパ最強-

Tシャツを極める

Tシャツのようにカジュアルなアイテムは、歳を重ねると少しずつ似合わなくなってきます。特に、派手な色やプリントの入ったTシャツをおしゃれに着こなすのは難しいです。ベーシックな丸首Tシャツを選びましょう。

Tシャツの適正なサイズ感はここ数年で大きく変化しました。しばらくタイトが全盛でしたが、今では少しゆとりを持たせて着るのが旬です。痩せ型の人であればタイトでもOKですが、ピタピタすぎるとセクシーさが強調され、女性から引かれてしまいます。

右のイラストのように1枚で着るときには、身幅に適度なゆとりのあるものを選びましょう。少しゆとりを持つことで、ぽっちゃり体型でも体の丸みが隠れて、きれいに着こなすことができます。

Tシャツは基本的には重ね着の一部として使います。たとえば、上にジャケットやカーディガンを羽織りましょう。きれいめのアウターを重ねることでバランスが整います。夏ならネイビーのリネンシャツ（62ページ）を羽織って、前を開けて着るのもよいでしょう。

Tシャツ単体で着る場合は、ボトムスとのバランスを意識します。「Tシャツにブルージーンズ」という服装はカジュアルすぎるため、相当スタイルのいい人にしか似合いません。

ネイビーTシャツにブラックジーンズを合わせて濃い色でまとめたり、白Tシャツにスラックスを合わせてすっきりまとめてみるなど、きれいめなボトムスを合わせましょう。

【ボーダーTシャツ】

ボーダーの幅には
細心の注意を！
アクセントとして
重ね着に大活躍

たったこれだけ！
いい服の選び方

・首元のデザインは「丸首」を選ぶ（ボートネックと呼ばれる横長に開いているものはインナー選びが難しくなるのでNG）
・ボーダーの幅は「細かいもの」を選ぶ。等間隔のものより、ホワイト部分が広いほうがおすすめ
・色は、「ネイビー（またはブルー）とホワイト」で構成されたシンプルなものを

お店 選び

・「ZOZO」のオリジナル（1500円）がコスパもよくておすすめ
・ランクを上げるなら、「ナノ・ユニバース」（3000円）、「ビューティ＆ユース」（7000円）

サイズ 選び

・Tシャツ（82ページ）と同様、大きすぎず、小さすぎず、「普通のサイズ」を選ぶ
・重ね着することも多いため、ジャケットの裾よりも「着丈が長くならないよう」に注意

これは
ダメな服…

柄の幅が大きいボーダー柄はNG。アイテムの主張が強すぎて、子どもっぽく見えてしまう

【ボーダーTシャツ】は こうやって 着よう！

カジュアル × きれいめ

ボーダーTシャツ p.086

ブラックジーンズ p.098

黒のレザースニーカー p.116

さらに
「ジャケット」を
羽織ると◎

80点
-コスパ最強-

ボーダーTシャツを極める

ストライプシャツのときと同様に、「少しアクセントを加えたいとき」にボーダーTシャツは重宝します。

右のコーデのように単体で着るのもいいですが、36ページのように重ね着の一部として使うと、さらにおしゃれに見えます。まずは全身をシンプルなアイテムで構成し、どうしても退屈に見えるときに取り入れましょう。

ボーダーTシャツとネイビージャケットの組み合わせは最強です。ジャケットが持つカチッとした雰囲気に、ボーダー柄が親しみやすさを加えるので、こぎれいなカジュアルスタイルが完成します。

また、ボーダーTシャツの上にシャツを羽織るのもおすすめです。白やネイビーのリネンシャツ（62ページ）やバンドカラーシャツ（58ページ）を合わせてみましょう。

ただし、ストライプ柄のシャツと合わせるのはNGです。柄×柄の組み合わせはごちゃごちゃした印象になるので絶対に避けましょう。アクセントの要素は、着こなしの中に「1つだけ」が鉄則です。

カジュアルアイテムのボーダー柄には、きれいめのボトムスを合わせます。ブラックジーンズを合わせて引き締める。またはホワイトジーンズで爽やかさを出すのがおすすめです。

また、これは上級者向けですが、グレーのスラックスで大人っぽく着こなすのも素敵です。

【ポロシャツ】

選び方を間違えると即、おじさんに!
タイトでスマートにポロシャツを着こなす

たったこれだけ！ いい服の選び方

・柄やブランドロゴのない「シンプルなもの」を選ぶ

・色は「ネイビー」や「ブラック」など引き締まって見えるものを選ぶ（白やグレーはおじさんっぽく見えるのでNG）

お店 選び

・シンプルなポロシャツは「ユニクロ」（2000円）で十分

・投資したい人は、「ナノ・ユニバース」（6000円）、「ユナイテッドアローズ」（1万2000円）で上品なものを

サイズ 選び

・着たときに「タイトでフィット感」があるものを選ぶ

・特に、袖口が腕にフィットしているかを確認する。身幅がダボッとなりすぎないように注意

・裾は、「おしりの中間くらい」の位置にくるようにする

これは ダメな服…

ポロシャツはムダな装飾が多いものや派手な色のものは避ける。パッと見はおしゃれそうでも、着るとダサく見えるので絶対に手を出さないようにする

【ポロシャツ】はこうやって着よう！

カジュアル × きれいめ

カジュアル
- 黒のレザースニーカー p.116

きれいめ
- ポロシャツ p.090
- ホワイトジーンズ p.106

ボタンを
全部留めるのも◎
上下で色の
コントラストを付ける

80点
-コスパ最強-

ポロシャツを極める

夏場に大活躍するのがポロシャツです。Tシャツに比べると襟が付いているため、1枚で着てもこぎれいに見えますし、クールビズでも活躍します。

ただ、「ポロシャツだったらなんでもいい」と考えている男性が多いので危険でもあります。なぜなら、ポロシャツには「おじさんくさいイメージ」がつきまとうからです。買ってはいけないアイテムを知り、センスのよいポロシャツを選べるようになりましょう。

ポロシャツのコーディネートはボトムスとのバランスが大切です。ブルージーンズにブラックのポロシャツを合わせるとシャープな着こなしが完成します。またネイビーのポロシャツにブラックジーンズという合わせ方も大人っぽくきれいめに見えます。

一方で、ネイビーやブラックのポロシャツにホワイトジーンズを合わせると、コントラストの効いた夏らしいコーディネートが完成します。おしゃれに見せるにはこれくらい振り切ってちょうどよいでしょう。トップスとボトムスを濃い色同士で引き締めるか、上下でコントラストを付けて爽やかに見せるか。この2パターンを覚えておきましょう。

ポロシャツは実は単体だけではなく、重ね着の一部としても活躍します。上にジャケットやカーディガンを羽織れば、きれいめなコーディネートが完成します。レストランでの食事やビジネスカジュアルの場面で活躍します。その際には第一ボタンまで留めて、こぎれいに着てみてください。

【ブルージーンズ】

脚長効果を意識しつつ
こぎれいな
ジーンズを穿こう

たったこれだけ!
いい服の選び方

・デザインは太ももから裾にかけて徐々に細くなっていく「テーパード型」を選ぶ。痩せ型の人には、さらに細い「スキニーフィット」がベスト

・色は薄すぎず濃すぎない「やや色落ちしたブルー」を選ぶ

お店選び

・ベストは「ユニクロ」(4000円)。高級ジーンズと比べても遜色ない

・こだわりたい人は、ジーンズ専門ブランド「リーバイス」(1万円)、「RED CARD」(2万円)がおすすめ。色落ちの繊細さに差が出る

サイズ選び

・脚にフィットした「細身のもの」を選ぶ

・丈の長さは、靴を履いたときに少しだけたるむ「ハーフクッション」で裾上げしてもらう

これは
ダメな服…

つい選びがちなのが、膝から裾までが同じ太さの「ストレート型」。野暮ったいシルエットなのでNG。また、裾が長すぎるとだらしなく見える。色落ちが激しいものやダメージジーンズは清潔に見えないので避ける

【ブルージーンズ】は こうやって 着よう！

カジュアル × きれいめ

ブルージーンズ p.094

ジャケット p.034

黒のレザースニーカー p.116

丸首ニット p.038

ロールアップで
こなれ感を出す

80点
-コスパ最強-

ブルージーンズを極める

もっとも定番的なボトムスといえばブルージーンズが挙げられます。

定番だからこそ、学生時代からほとんどアップデートされていない人が多いのも事実。数年前に買った古いものはリセットして、今の時代、今の自分に合ったジーンズを選び直しましょう。

ジーンズ選びで大切なのは、「シルエット」です。脚の形にフィットした、細身のものを選ぶことが、値段以上に大切です。

ブルージーンズは、きれいめなアイテムにカジュアルな雰囲気を加えることができます。たとえば、ネイビージャケットのようなきれいめなアイテムや、ステンカラーコート、チェスターコートによく合います。襟付きのシャツにもジーンズは相性が良いです。

その一方で、Tシャツやパーカーなどのカジュアルなアイテムとの組み合わせには注意が必要です。全身がカジュアルすぎてしまい、大人の男性には難易度が高いです。

靴はきれいめな要素のあるレザースニーカーやローファーがよく合います。全身を見て、着こなしがカジュアルになりすぎないようにバランスを整えてみてください。

【ブラックジーンズ】

タイトすぎるのはダメ！
適度な細さで脚を引き締めて見せる

たったこれだけ！
いい服の選び方

・デザインは「余計な装飾のないシンプルなブラック」を選ぶ
・脚にフィットした「細身のもの」を選ぶ

お店選び

・「ユニクロ」(4000円)で十分
・もう少し投資するなら、「ナノ・ユニバース」(1万円)

サイズ選び

・ピタピタにならない程度のタイトなシルエットのものを選ぶ
・基本は「スリムフィット」にする。痩せ型の人であれば「スキニーフィット」がおすすめ
・裾は、ブルージーンズ(94ページ)と同様に、靴の上に軽く乗るくらいの「ハーフクッション」に仕上げる(裾まわりに生地がダボッと溜まらないように)

これは
ダメな服…

ピタピタすぎるブラックジーンズはよく見かける失敗例。脚やおしりの形がそのまま出るものは女性の評判もイマイチ。強いダメージ加工の入ったものもイヤらしく見えるので避ける

【ブラックジーンズ】は こうやって 着よう！

カジュアル × きれいめ

カジュアル
- 丸首Tシャツ p.082
- 白のレザースニーカー p.116

きれいめ
- ブラックジーンズ p.098
- 時計 p.144
- アクセサリー p.148

カジュアルさを
シャープに引き締める

80点
-コスパ最強-

ブラックジーンズを極める

ここ数年ですっかり定番化したのがブラックジーンズです。ブルージーンズに比べると色の効果もあり、スッキリときれいめな印象を与えることができます。季節を問わず1年中使えるアイテムです。

ブラックジーンズには、カジュアルなアイテムを合わせましょう。

たとえば、パーカーを着るときにはブルージーンズではなく、ブラックジーンズを穿きます。パーカーが持つカジュアルな印象をボトムスで引き締めるのが目的です。

また、試してもらいたいのが、上下を「ネイビー×ブラック」の組み合わせにする合わせ方です。

ネイビージャケットにボーダーのTシャツを合わせて、ブラックジーンズで引き締めると、暗い色同士の組み合わせですが、微妙な色味の差異が生まれておしゃれに見えます。

一方で、ベージュのステンカラーコートのような明るめのアイテムにもブラックジーンズはよく合います。

上半身を明るく見せて、ボトムスで引き締める。これもブラックジーンズの効果的な使い方の1つです。

ブラックで下が重たく見える代わりに、靴は白のレザースニーカーで明るさを足しましょう。革靴のようにきれいめな靴を履いてしまうと、堅苦しく見えてしまうので注意しましょう。

【スラックス】

スーツとの違いに注意して
きれいめなボトムスを私服で穿きこなす

たったこれだけ！
いい服の選び方

・裾に向かって少しずつ細くなっていく「テーパード型」を選ぶ
・色は、「グレー」と「ネイビー」（ブラックも可）の2つを揃える
・素材は「ウール」が基本だが、扱いやすい「ポリエステル」もおすすめ

お店選び

・「ユニクロ」の感動パンツやアンクルパンツ（どちらも3000円）がとても優秀
・価格帯を上げるなら、「グローバルワーク」（5000円）、「グリーンレーベル」（8000円）のものを

サイズ選び

・流行はワイドシルエットだが、やはり定番の「テーパード型」がベスト
・裾は、たわみのない「ノークッション」が基本。スラックスと靴の間に空間をつくるのがポイント（ビジネス用のスラックスは、裾にクッションを入れるが、カジュアル用は少し短めに裾上げする）

これは
ダメな服…

一見おしゃれに見える「チェック柄」はコーディネートが難しくなるので避ける。「ボトムスで主張しない」のは絶対ルール

【スラックス】は こうやって 着よう！

カジュアル × きれいめ

白のレザースニーカー
p.116

丸首ニット
p.038

スラックス
p.102

靴とスラックスの間に
「空間」をつくる

80点
-コスパ最強-

スラックスを極める

スラックスといえばスーツを思い浮かべる人が多いはずです。スラックスとは、パンツの中央に折り目の入った、ウールやコットン、ポリエステル素材のボトムスのことを指します。

このスラックスを私服に取り入れることができると、一気におしゃれが加速します。スラックスはジーンズに比べると、大人っぽくきれいめに見えます。全身を見たときに「少しカジュアルすぎるかな……」と感じたときに重宝します。

春夏であれば、ベリーショートソックス（128ページ）を履いて、少しだけ素足をのぞかせます。秋冬は柄物のソックスが少し見えるのが理想です。このわずかな空間こそが、スラックスをカジュアルに落とし込むためのポイントです。

スラックスはきれいめなボトムスです。ジャケットやチェスターコートのようなこぎれいなアイテムとも合いますが、あえてカジュアルなアイテムと合わせることで、着こなしを引き締めましょう。

パーカーのようなカジュアルなアイテムに、スラックスはよく合います。最近では、ナイロンジャケットのようなスポーティーなアイテムにスラックスを取り入れるのも旬な着こなしです。

足元はスニーカーを履きましょう。革靴だと、どうしてもビジネスを連想させてしまいます。

できるだけカジュアルなアイテムと掛け合わせるのが、おしゃれに見せる鉄則です。

【ホワイトジーンズ】

脱ベージュ！
白パンの抵抗感を捨てて
思い切って
チャレンジしよう

たったこれだけ！
いい服の選び方

・白は膨張色なので「ややタイトめ」を選ぶ
・少し黄色がかった白もあるが、「清潔感のある真っ白」を選ぶ

お店選び

・白は汚れが目立つので、「ユニクロ」（4000円）で十分
・本格的なものが良いなら「RED CARD」（2万円）がおすすめ

サイズ選び

・タイトめの「テーパード型」を選ぶ（太ももには多少のゆとりを持たせて、ピッタリくっつくものは避ける）
・痩せ型の人は「スキニーフィット」、普通〜ぽっちゃり体型の人は「スリムフィット」がおすすめ（ユニクロの場合）
・ブラックジーンズと同様、丈の長さは「ハーフクッション」で仕上げる

これは
ダメな服…

同じ明るめのボトムスでも、ベージュのチノパンはNG。どうしても「休日のおじさん」のような野暮ったさを感じさせる。安心感のあるアイテムは、そのぶんダサく見える可能性も高い

【ホワイトジーンズ】はこうやって着よう！

カジュアル × きれいめ

ダウン p.078

丸首ニット p.038

ホワイトジーンズ p.106

ローファー p.120

裾を3センチほど
折り返して軽快に穿く

ホワイトジーンズを極める

ボトムスの中で最もハードルが高く感じるのが、ホワイトジーンズです。他のボトムスは色の濃いものが多いのですが、その中で唯一「明るさを足せる」のが特徴です。まだまだ穿いている人は少数派ですが、意外と誰にでも似合うアイテムです。人との違いがあるからこそ、おしゃれに見えるものです。ぜひ積極的に取り入れてみましょう。

ホワイトジーンズは、着こなしにアクセントを加えることができるアイテムです。全身が暗いコーディネートは、まとまりが良いぶん、退屈さも感じます。そんなときに、ホワイトジーンズを穿いてみます。これだけで一気におしゃれに見えるようになります。

まずは手頃なユニクロのジーンズからトライしてみましょう。最初は見慣れないものですが、何度か穿いているうちに手放せないアイテムになるはずです。

ホワイトジーンズは濃い色と合わせるのが鉄則です。特に相性が良いのがネイビーです。ネイビーのジャケット、ステンカラーコート、チェスターコートにホワイトジーンズはよく合います。

また、ナイロンジャケットやダウンジャケットなどのスポーティーなアイテムにも相性抜群です。白が持つ「上品さ」とナイロンジャケットが持つ「軽快さ」の組み合わせはとてもバランスが良いです。

右のイラストのように革靴（ローファー）も合いますが、キザさが気になる場合は、ネイビーやブラックのレザースニーカーを合わせましょう。

【ショートパンツ】

サイズ感が命！
正しい丈選びで大人っぽく穿く

たったこれだけ！
いい服の選び方

・デザインは「無地でシンプルなもの」を選ぶ
・色は「ネイビー」や「ブラック」などの濃い色を選ぶ

お店選び

・まずは「ユニクロ」(3000円)でトライ
・投資したい人は、「グリーンレーベル」「ナノ・ユニバース」(どちらも8000円)
・ショートパンツに定評のある「グラミチ」(1万円)もおすすめ

サイズ選び

・タイトすぎず、ダボダボすぎず、脚とパンツの間に「適度な空間」があるものを選ぶ
・丈は、膝の中心から「5～7センチ」ほど短いものを選ぶ(10センチ以上短いと、カジュアルすぎる)

これは
ダメな服…

膝位置よりも長い「半端丈のパンツ」はNG。肌の見える面積が少ないと、かえって足が短く見える。また、折り返し部分にチェック柄の入ったものや、横にポケットが付いたものも子どもっぽく見えるので避ける

【ショートパンツ】は こうやって 着よう！

カジュアル × きれいめ

ショートパンツ p.110

ストライプのリネンシャツ p.054

スリッポンスニーカー p.126

時計 p.144

サングラス p.142

きれいめな
シャツを合わせる

80点
-コスパ最強-

ショートパンツを極める

真夏に活躍するボトムスと言えば、ショートパンツです。涼しく軽快に穿ける一方で、肌の露出が増えるため、失敗すると子どもっぽく見えてしまいます。シンプルなブラックやネイビーを選びましょう。

ショートパンツを穿くときは、すね毛の処理に注意しましょう。伸びっぱなしだと清潔感が漂いません。定期的に短く整えましょう。専用のトリマーも販売されています。つるつるに剃るよりは、一定の長さに整えるほうが自然に見えます。

ショートパンツはカジュアルなアイテムなので、上半身に何を着るかが重要です。Tシャツのようなカジュアルなアイテムだと、全身がカジュアルに見えすぎてしまいます。ややきれいめな要素を持ったアイテムと合わせるのがポイントです。

たとえば白やストライプのリネンシャツは、ショートパンツとの相性が抜群です。シャツが持つこぎれいさで、ショートパンツがグッと大人っぽく見えます。腕をざっくりとまくって、ラフに着こなしましょう。

そして、靴の選び方も大切です。サンダルを合わせるとカジュアルになりすぎてしまいます。シンプルな白や黒のレザースニーカーを合わせましょう。さらにきれいめに見せたいときには、ローファーを合わせるとよいでしょう。

そのときに気をつけたいのが靴下です。くるぶし丈のものではなく、ベリーショートソックスを履きます。素足で靴を履いているように見せることで、脚長に見えますし、軽快な雰囲気が漂います。

2章

小物が、めんどい

「いい小物」「ダメな小物」を1秒で決める

服選びの次は、小物選びです。

こちらも、まずは「いい小物」「ダメな小物」を見比べるだけでＯＫです。
服に比べると、「少し投資しようかな」「良いものを持っておこうかな」と思うのが男心かもしれません。

揃えたい小物が決まったら、「選び方」「お店」を確認しましょう。
余裕がある人は、応用の「＋１アイテム」を取り入れてみてください。
一段上におしゃれに見せることができるでしょう。

※小物の価格はすべて参考価格です

【スニーカー】

白と黒の2色は必須！
どんなボトムスにも
似合う万能スニーカー

たったこれだけ！
いいスニーカーの
選び方

・素材は「レザー製」を選ぶ。ラフに見えず、適度にきれいさが漂う
・色はシンプルな「ホワイト」を選ぶ。2足目は「ブラック」を揃える

お店選び

・価格帯を抑えたいなら、「ＧＵ」「グローバルワーク」（3000～5000円）で選ぶ。フェイクレザーだが、パッと見で気づかれることはない
・王道は、「アディダス」のスタンスミス（1万5000円）。かかとに入ったブランドロゴも控えめで着こなしにも馴染みやすい
・投資したい人は、「ユナイテッドアローズ」や「ナノ・ユニバース」などの各種セレクトショップのオリジナル商品（1万5000～2万円）を。ロゴが入っていないため、さらに大人っぽく見える

これは
ダメなスニーカー…

スポーツブランドのロゴが大きく入ったものは避ける。また、靴の量販店でよく見かけるウォーキングスニーカーは、デザインがゴチャゴチャしていて、おじさんっぽく見えるのでＮＧ

余裕があれば…

＋1 ITEM

「ニューバランスのスニーカー（M998）」（2万7000円）

ブランドロゴが目立つアイテムは基本的にＮＧだが、ニューバランスは別格。カジュアルアイテムからジャケットなどのきれいめアイテムにまで合う、まさに大人のためのスニーカー。履き心地の良さにも定評があり、長時間の使用でも快適に過ごせる。いつの時代も変わらない定番的なデザインには、センスのいい人たちからの評価も高い。レザーとメッシュを組み合わせた「Ｍ９９８」が特におすすめ。

スニーカーを極める

休日用の靴の中でも、もっとも定番的なのがスニーカーです。履き心地も良く、休日に気軽に履けるため、誰でも1足は持っているはずです。最近はスニーカーブームの影響で選択肢が増えていますが、どんな着こなしにもすんなりと馴染むシンプルなレザースニーカーを選びましょう。

1足目に揃えたいのは、「ホワイト」です。着こなし全体が暗いときには、足元に白を加えることで、気軽に明るさを取り入れることができます。

ホワイトレザースニーカーの最大の魅力は、どんな着こなしにも馴染みやすいところです。ブルージーンズやブラックジーンズ、スラックスまであらゆるボトムスに合います。とりあえずレザースニーカーを履いておけば、まず失敗することはありません。ただ唯一、ホワイトジーンズにだけは合わないので、その点だけ注意しましょう。

2足目に揃えるのが、「ブラック」です。ホワイトに比べると、落ち着きのある雰囲気で、どこか革靴を履いているような印象を与えてくれます。着こなしにきれいさを取り入れたいときにこそ、ブラックを選びます。

ブルージーンズやホワイトジーンズと合わせれば、着こなしが引き締まりますし、スラックスのようなきれいめなボトムスにもよく合います。ビジネスカジュアルの場面にも重宝するので、1足持っておいて損はありません。

デザインは、オールブラックのものではなく、ソール部分が白いものを選ぶことで、適度にカジュアルさが出せます。

【革靴】

履くだけで
こぎれいにまとまる！
少し背伸びして
安すぎない革靴を

たったこれだけ！
いい革靴の
選び方

・デザインは「コインローファー」がおすすめ。紐靴に比べるとラフな雰囲気だが、革靴が持つこぎれいさも活かせる
・色は、「ダークブラウン」や「ブラック」がおすすめ
・素材は、光沢感が抑えられた「スエード」が使い勝手がいい

お店
選び

・「グリーンレーベル」「シップス」「ナノ・ユニバース」(1万5000～2万円)などのセレクトショップで購入する
・ノーネクタイのビジネスシーンでも活用できるので、少し背伸びをして揃える
・どうしても予算を抑えたい場合には、「グローバルワーク」(5000円)がおすすめ。合皮だが使い勝手のいいベーシックなものが揃う

これは
ダメな革靴…

ビジネス用の革靴は私服には合わない。特に、表革の明るいブラウンの革靴は悪目立ちする。先がとんがったデザインも女性からの評判はイマイチ

余裕があれば…

＋1 ITEM

「クラークスのデザートブーツ」（2万3000円）

もう1つあると便利なのが、スエード素材のデザートブーツ。くるぶし丈のデザイン、ラバー製のソールが特徴的で、革靴の中でもラフな雰囲気が漂い、ローファーに加えて持っておくと便利なシューズだ。代表的なのがクラークスのデザートブーツ。色は「ベージュ」であればブルージーンズとの相性抜群。「ダークブラウン」は秋冬によく合う。

革靴を極める

革靴といえば仕事で履くものだと思っている人が多いのですが、そんなことはありません。休日こそ革靴の持つこぎれいさを積極的に活かしていきましょう。

革靴にもさまざまなバリエーションがあります。休日に履くものなので、あまりカチッとしすぎず、ややカジュアルなものを選びましょう。

ローファーはカジュアルな着こなしを引き締めるのに便利です。たとえば、ショートパンツにリネンシャツを合わせたコーディネートに足元をローファーで引き締める。これだけでもグッと大人っぽく感じられます。

また、ブルージーンズのカジュアルさをローファーで抑えるのも効果的です。

もちろん、スラックスにもローファーは合いますが、シャツ×スラックス×ローファーのように、全身をきれいめなアイテムだけでコーディネートすると、ビジネス着のような印象を与えてしまいます。あえてTシャツやジーンズのようなカジュアルなアイテムにローファーを合わせてみましょう。

靴下は、春夏はベリーショートソックスを履いて、足元をすっきりとまとめます。秋冬は靴下をのぞかせることでアクセントになります。細かなボーダー柄の靴下を合わせることで、カジュアルな雰囲気を漂わせましょう。

また、難易度は高いですが、ホワイトソックス（130ページ）を合わせるのも旬な着こなしです。

【サンダル】

機能性と
デザイン性を両立！
流行に左右されない
大人っぽい
サンダル選びを

たったこれだけ！
いいサンダルの
選び方

- デザインは「とことんシンプル」なものを
- 色は、大人っぽく見える「ブラック」一択
- 一押しが、右のイラストのアリゾナ。存在感のある2本のベルトが特徴的で、フィット感を細かく調整することができる

お店選び

- おすすめは、「ビルケンシュトック」のアリゾナ（4000円）。中でも「EVA」という軽量で水に強い素材のものが◎
- あるいは、「Teva」のハリケーン（7000円）もおすすめ。3点で固定する特徴的なデザインは、アウトドアだけではなく普段使いにも活躍する
- どちらも通販で購入できるが、実際に試着をしてから買うのが鉄則

これは
ダメなサンダル…

数年前に流行った、甲に穴の空いたデザインのサンダルは、大人っぽい着こなしには馴染まない。特に、赤、白、グリーンなどの派手な色のサンダルは絶対に避ける

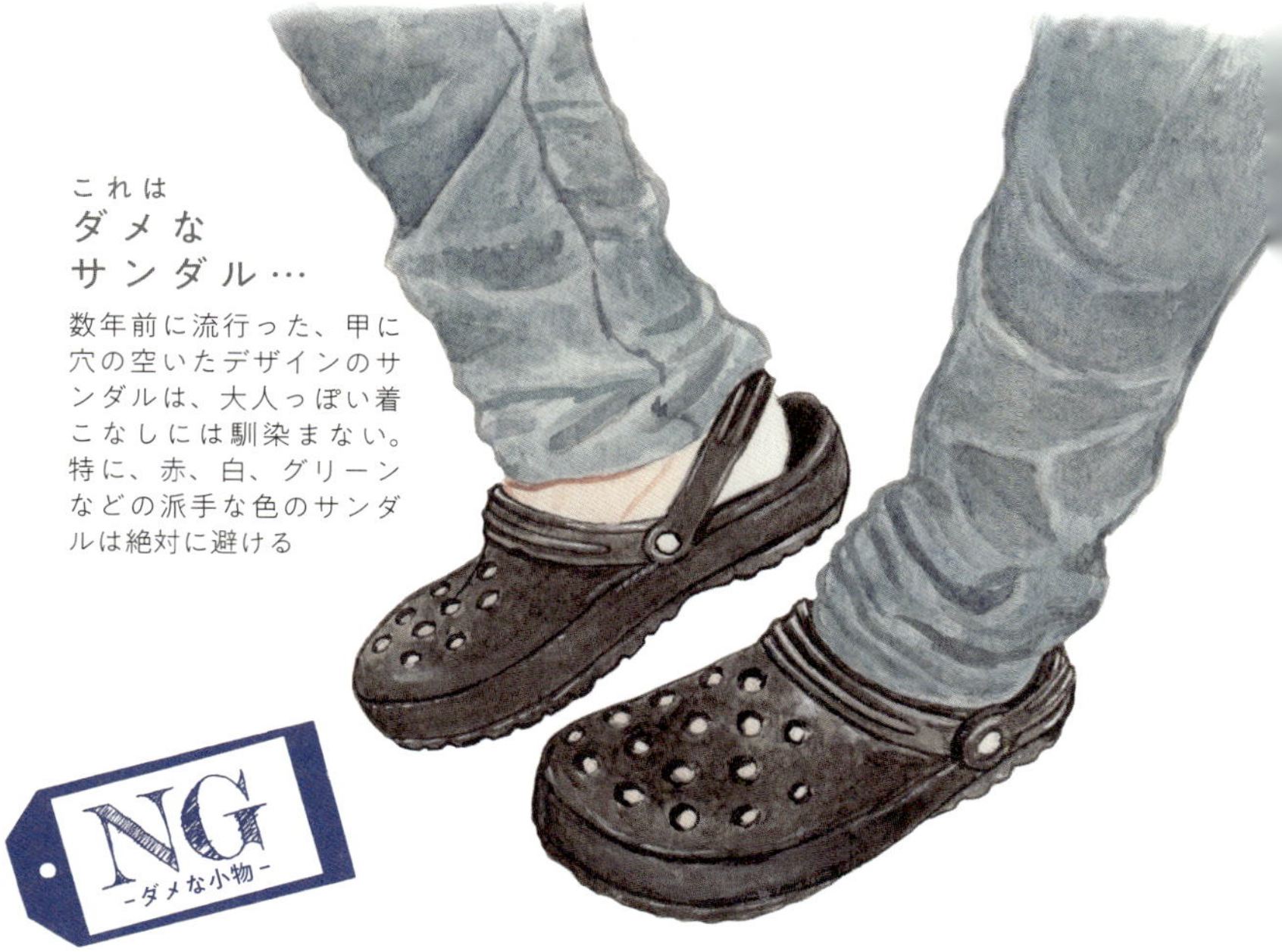

余裕があれば…

＋1 ITEM

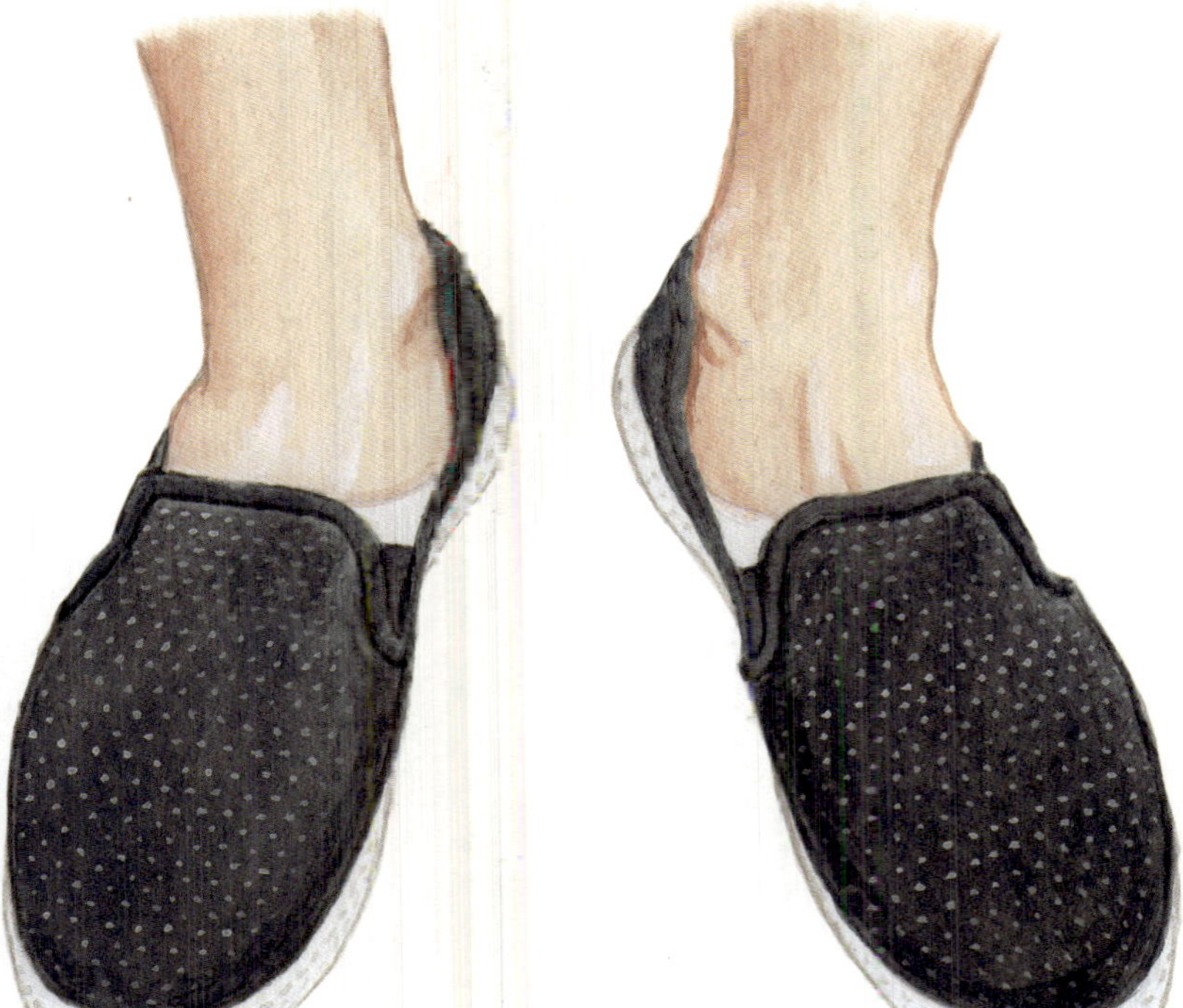

「リビエラのスリッポンスニーカー」（1万円）

夏場に活躍するスリッポンスニーカー。メッシュ状になっているので涼しく、デザイン的にもアクセントになる。色はネイビーが断然、合わせやすい。カジュアルなアイテムだけに、色は正統派を選ぶのがポイント。ショートパンツからホワイトジーンズまで、幅広いボトムスに合う。ベリーショートソックスと合わせて、軽快に履きたい。

サンダルを極める

真夏の定番シューズと言えば真っ先にサンダルが思い浮かびます。ラクで涼しいサンダルですが、これ以上ないほどカジュアルなアイテムのため、選び方には注意が必要です。

定番はビルケンシュトックのアリゾナです。中でもオールブラックのＥＶＡ素材のものは、大人っぽくシャープに見えます。

また、ここ数年、おしゃれな人がこぞって取り入れているのが「Teva」のサンダルです。難易度は高いですが、Tevaのサンダルにあえてソックスを合わせるのもおしゃれです。濃淡の2色で構成されている「杢《もく》グレーの靴下」と合わせてみましょう。

サンダルを履くときのコーディネートは簡単です。夏らしくショートパンツで合わせてもよいですし、ブラック、ブルー、ホワイトのジーンズにもよく合います。きれいめなスラックスにあえてサンダルでカジュアルな雰囲気を足すのもよいでしょう。

ちなみにボトムスは丈の長さに気をつけます。ジーンズ類なら軽く一折りしてくるぶしを見せる。スラックス系だったら最初から9・5分丈に仕上げて、くるぶしを出すようにする。このように、少しだけ肌を露出させることで、サンダルがグッと似合いやすくなります。

ただ、「Tシャツ×短パン×サンダル」のように、全身カジュアルアイテムだけで構成するのは避けましょう。大人の男性は、全身のどこかにきれいめの要素を取り入れるようにします。Tシャツをリネンシャツに替えるなど、全身のきれいさを調整してみてください。

【靴下】

選び方次第で
一発アウト！
チラリと見える
細部にまで
こだわり抜こう

たったこれだけ！
いい靴下の
選び方

・靴下には大きく分けると2つのタイプがある。1つは見せる用の「ボーダー柄の靴下」。もう一方が見せない用の「ベリーショートソックス」
・見せる用は、「黒（ネイビー）×ホワイト」のボーダーやヘリンボーン柄を。柄は「細かいもの」を選ぶ
・見せない用は、「ブラック」で統一すると便利

お店
選び

・ボーダー柄の靴下は「ユナイテッドアローズ」（1足1800円）がおすすめ。毎シーズン使い勝手のいい上品なボーダー柄が揃う
・ベリーショートソックスは、「ユニクロ」（3足1000円）で十分。質を上げるなら、「FALKE」（1足1200円）がおすすめ

これは
ダメな靴下…

くるぶし丈のスポーツソックスのように、中途半端な長さのものは避ける。見せないときには徹底的に見せないのがポイント。また、ビジネスのときに履く黒のロングソックスも、オフのときはNG

余裕が
あれば…
＋1 ITEM

「ユニクロのホワイトソックス」（300円）

ここ数年トレンドになっているホワイトソックス。ダサいイメージを持っている人も多いが、上のイラストのようにローファーやレザースニーカーと合わせると「抜け感」が出せる。ボトムスは特にブルージーンズがよく合う。リブ（縦スジ）はなるべく細いものを選び、こぎれいに履くのがポイント。まずはユニクロで安く試すといい。

靴下を極める

ファッション小物の中でも、特に目立ちにくいのが靴下です。露出する面積が少ないため、適当に選んでしまっている男性も多いはずです。

しかし、靴下はふとした瞬間に見えるため、他のファッションが整っていたとしても、靴下がイマイチだと、すべてが台無しになります。

小さな部分にも手を抜かずに、靴下選びもしっかりとこだわりましょう。

靴下のコーディネートはとても簡単です。季節によって使い分けましょう。

春夏には、ベリーショートソックスを履いて、足元をすっきりと見せます。特にショートパンツにはベリーショートソックスがよく合います。

ジーンズやスラックスのような丈の長いボトムスも、くるぶしが少しのぞくことで軽快に見えます。

秋冬には、くるぶしがしっかりと隠れる、ボーダー柄のソックスを選びましょう。

ジーンズのようなラフなものから、スラックスのようなきれいめなものまで、さまざまなボトムスと相性が良いです。1つ持っておけばコーディネートに悩むことはありません。

「5月〜9月はベリーショートソックス」
「10月〜4月は長い丈のボーダー柄ソックス」

というように決めておくといいでしょう。

【トートバッグ】

大人に似合う
レザートートを！
長く使えるように思い
切って投資しよう

たったこれだけ！いいトートバッグの選び方

・デザインは「とことんシンプル」なものを
・素材は「レザー」を選ぶ。価格が安いとどうしても不自然な光沢感が出るので、ある程度は投資する
・色は、「ブラック」か「ネイビー」を選ぶ
・大きさは、「横幅が35センチ以上」のものにする（あまりに小ぶりだと、女性用バッグに見えるので注意）

お店選び

・おすすめは「グリーンレーベル」のトートバッグ（1万5000円）。大きさのバランスも良く、軽量なので長時間持っていても疲れない
・もう少し投資できるなら、「ユナイテッドアローズ」（3万円）を。革の雰囲気に重厚感が漂い、ビジネスカジュアルと併用できる
・価格を抑えたいなら、「グローバルワーク」（5000円）がよい。フェイクレザーだが、値段の割に上品な仕上がり

これはダメなトートバッグ…

装飾がゴテゴテと入ったバッグは避ける。また、たくさんの色を使っていたり、デザインが凝りすぎると、チープに見える

「オーチバルのキャンバス地トートバッグ」（1万円）

もう少しラクなバッグを持ちたいときには、キャンバス地のトートバッグがおすすめ。レザーに比べると素材の風合いもカジュアルに見え、使い込むほどに味が出てくる。定番は白やアイボリーなどの明るめの色だが、どうしてもカジュアルすぎるので、「ブラック」や「ネイビー」などの濃い色を選ぼう。無地のトートバッグは大人の着こなしによく馴染む。

トートバッグを極める

休日用のバッグとしておすすめなのが、レザー製のトートバッグです。今ではベーシックアイテムとして、すっかり定番化しました。荷物の量もしっかり入りますし、肩掛けもできるため、バッグとしての使い勝手もよいです。

休みの日は、「手ぶら」という男性も多いですが、ポケットに財布やスマホなどをたくさん入れると、スタイルが悪く見えます。たとえ荷物が少なくても、おしゃれなバッグを持つことで、グッと印象がよくなります。

レザートートバッグはどのようなコーディネートにもよく馴染みます。ジャケットを用いたこぎれいなスタイルから、Tシャツにカーディガンを羽織るような少しラフなスタイルまで、似合う範囲が広いです。オフだけではなく、ビジネスカジュアルの場面でも使えるのも便利です。

一方で、「Tシャツ×ショートパンツ」のような、カジュアルすぎるコーディネートには合いません。

アイテム同士の雰囲気があまりにかけ離れてしまうと、コーディネートに馴染まないので注意してください。カジュアルなスタイルにこそ、キャンパス地のトートバッグを合わせてみましょう。

通常は肩から掛けるのもよいですが、手で持ったほうが大人っぽく見えます。シーンによって持ち方も変えてみてください。

【リュック】

きれいめアイテムと
合わせることで
子どもっぽいリュックも
おしゃれに変わる！

たったこれだけ！
いいリュックの
選び方

・デザインは「シンプルで大人っぽく見えるもの」を選ぶ
・色は「ブラック」を選ぶ
・シンプルなぶん、「ブランド選び」に気をつける。セレクトショップで買えば失敗しない

お店選び

・スポーティーなアイテムが充実している「ビューティ＆ユース」や「ビームス」（どちらも2万円）がコスパがいい
・アウトドア系ブランドなら、「ザ・ノース・フェイス」や「アークテリクス」（どちらも2万円）がおすすめ
・専門ブランドなら、「Aer」「ポーター」「スタンダードサプライ」を覚えておこう。いずれもセレクトショップで取り扱いがある

これは
ダメな
リュック…

これまで同様に装飾は不要。ブランドロゴが目立ったものや、派手な色使いのものはNG

余裕があれば…

＋1 ITEM

「グリーンレーベルのサコッシュ」（6000 円）

ここ数年で人気が高まっているのがサコッシュという紐付きの小型バッグ。通常のショルダーバッグに比べると、マチのないシンプルな形が特徴的で、休日にあまり荷物を持ち歩かない人に最適。

色は「ブラック」のシンプルなデザインを選ぶ。持ち方が重要で、通常のショルダーバッグのように背中側に掛けるのではなく、前に掛ける。そのため紐の長さも大切で、へその上に位置するように長さを調整するとバランスが整う。

リュックを極める

機能性を考えたとき、荷物もたくさん入って両手が空くため、「リュックしか持たない」という男性もたくさんいます。ただ、リュックそのものは子どもっぽくてダサいイメージが付きまといます。

機能性重視のビジネス向けリュックや前ページのようなスポーツブランドのリュックはおじさんっぽく見えてしまいます。

ちょっとしたポイントを押さえることで、大人の男性に似合うリュック選びをしましょう。

元々カジュアルに見えるリュックは、実はきれいめなアイテムとの相性が良いです。たとえばシャツ。白のボタンダウンシャツやストライプシャツにリュックはよく合います。

また、ステンカラーコートやチェスターコートのような着丈の長いコートにもリュックは似合います。

きれいめなコーディネートに適度なカジュアルさを与えるのがリュックの役割と考えましょう。

一方で、Tシャツやパーカーなどのカジュアルなコーディネートにリュックを合わせると、一気に学生のように見えてしまいます。

リュックを使いこなすには、全身がカジュアルになりすぎないようにバランスをとりましょう。

【メガネ】

誰にでも似合う
「型」を覚えて
気軽にイメージチニンジ
しよう

たったこれだけ！
いいメガネの
選び方

・素材は「プラスティック製」を選ぶ
・デザインは右のイラストで掛けている「ウェリントン型」か、その右横の「スクエア型」が無難におしゃれ
・もう少し攻めたいなら、「ボストン型」という丸みのあるデザインを選ぶ
・色は、シャープに見せる「ブラック」か、柔らかい印象を与える「ブラウン」がよい

お店
選び

・「ポーカーフェイス」や「エロチカ」などのメガネ専門のセレクトショップ（3万～4万円）がおすすめ
・予算を抑えたいなら、「ジンズ」や「オンデーズ」（5000～1万2000円）などを活用する
・実際に試着して店員さんの意見をもらいながら、慎重に選ぶ

これは
ダメなメガネ…
複数の色を使っていたり、柄の入ったメガネは主張が強すぎて着こなしに馴染まない

余裕があれば…

+1 ITEM

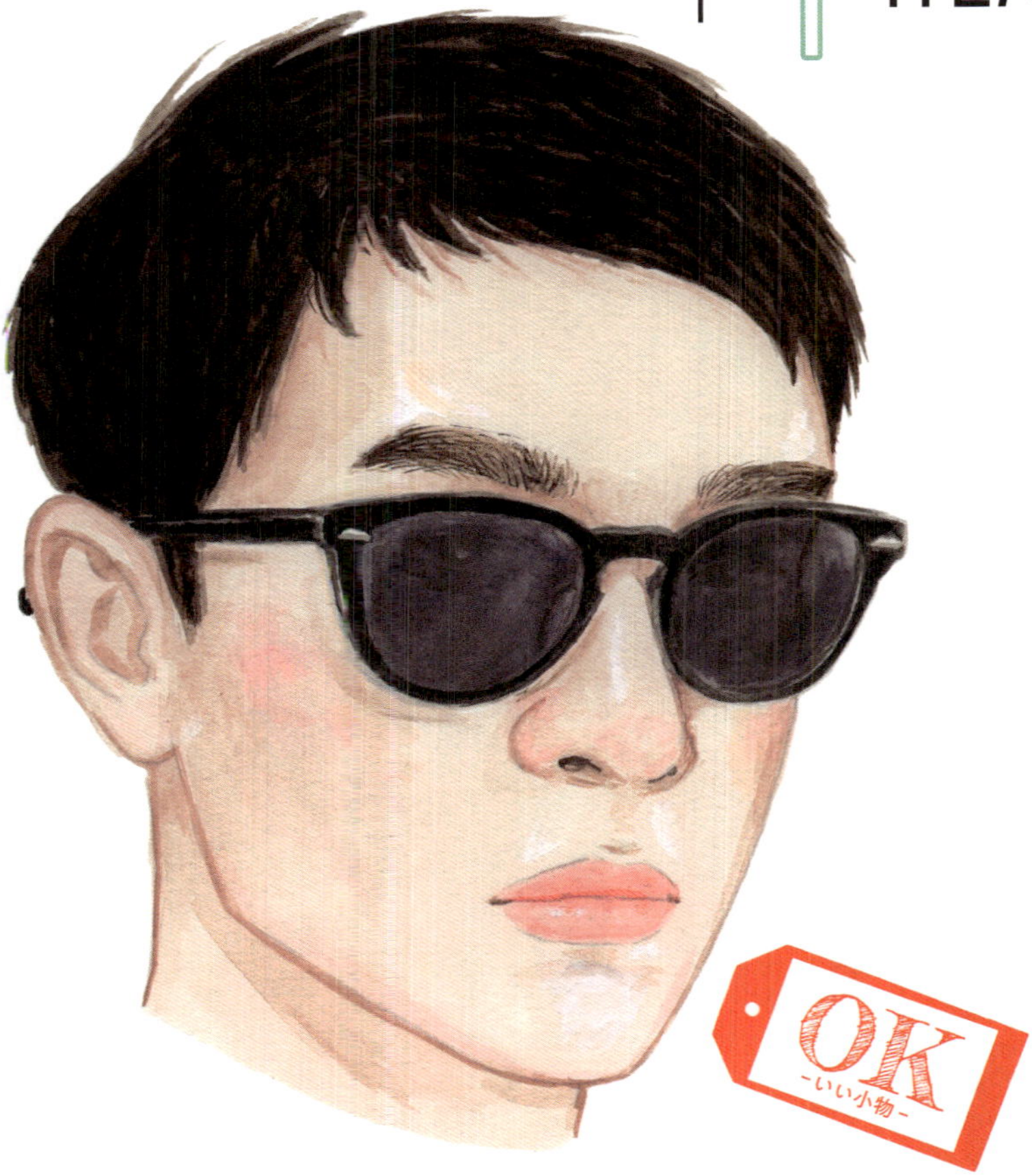

「ユナイテッドアローズやビームスなどのサングラス」(1万5000円)

苦手意識を持っている人も多いが、日差しの強い夏場にはとても重宝する。選び方はメガネと同様に、「ウェリントン型」か「ボストン型」、色は「ブラック」か「ブラウン」を選ぶ。

胸ポケットに入れたり、襟元に掛けたり、ファッション小物としても活躍する。最初のうちは似合わなく感じるかもしれないが、何度も掛けていると目が慣れてくるので、ぜひチャレンジを。

メガネを極める

顔まわりには視線が集まるので、メガネ選びは慎重にしたいものです。これまでのシンプルなファッションと相性の良いものを選びましょう。

メガネの素材は「金属製」と「プラスティック製」に分けることができます。前者はビジネスに合うカチッとした印象に、後者はカジュアルな雰囲気が漂います。おすすめは「プラスティック製」です。黒を選べばシャープな印象になり、ブラウン系を選ぶと肌に馴染むため、柔らかな雰囲気になります。

そして大切なのが形です。さまざまなシーンで使い勝手がよいのが「スクエア型」です。誰もが見慣れている形なので、誰にでも似合います。一方でファッションアイテムとしては少し地味に感じられるかもしれないので、その場合は、「ボストン型」と呼ばれる丸形のメガネを選びます。クラシックな雰囲気が漂い、メガネがファッションアイテムの重要な一部となります。ただ少しデザインのクセが強いため、似合う人が限られます。

その2つの良いとこ取りをしたデザインが、「ウェリントン型」です。年齢や着用シーンを選ばず、誰にでも似合いやすい形です。

一方で横に長い楕円形の「オーバル型」を選ぶ男性も多いですが、あまりに普通すぎるためおしゃれには見えません。

トレンドアイテムとしては、ブリッジ（左右のレンズをつなぐ部分）のみ金属になっている混合フレームもおすすめです。かなり今っぽく、おしゃれな雰囲気が漂います。

【時計】

「スマホで十分」とは言わず時計はアクセサリーの一部として考えよう

たったこれだけ！
いい時計の
選び方

・デザインは「カジュアルな黒文字盤」を選ぶ。特にミリタリーウォッチやダイバーズウォッチがおすすめ
・色は「ブラック」を選ぶことで休日のファッションに馴染ませる
・セレクトショップで服と一緒に買うと迷わない

お店選び

・価格とデザインのバランスが取れている「セイコープロスペックス」のLOWERCASEプロデュースモデル（4万円）がおすすめ（さまざまなセレクトショップから別注モデルが出ているので他人と被りにくい）
・ミリタリーウォッチの「TIMEX」（1万5000円）、「ハミルトン」（7万円）などがビームスやユナイテッドアローズなどで手に入る

これは
ダメな時計…

文字盤が複雑なごつめのデザインの時計は避ける。また、3色以上使ったものはゴチャゴチャした印象を与えるため、普段の着こなしに馴染まない

余裕があれば…
＋1 ITEM

「アップルウォッチ」（2万円～）

時計の新たな潮流として見逃せないのがアップルウォッチ。発売から数年が経ち、少しずつ定番化してきたが、おしゃれに取り入れている人はまだまだ少ない。
アップルウォッチをおしゃれに見せるには、バンドを替えることが大事なポイント。シリコン製のバンドはスポーティーな印象が強すぎてＮＧ。「ステンレス」や「ブラックのレザーベルト」に替えるとスマートに見える。文字盤を自由に選べるが、「クロノグラフ」が大人っぽくて断然おすすめ。

時計を極める

「時間はスマホで確認できるから、時計なんて必要ない」。このように考える男性は年々増えています。たしかに時間を知るだけなら、時計はさほど重要ではありません。しかし、大人の男性にとって時計というのは、アクセサリーの役割を果たすアイテムと考えるべきです。

特に、春夏においては手首が露出する機会が増えるので、時計の有無で印象は大違いです。前章のコーディネートで見てきたように、時計は、シンプルなファッションにアクセントを加えることができるので、積極的に取り入れましょう。

時計にはさまざまなバリエーションがありますが、高いブランドにこだわる必要はありません。手が届く範囲の価格帯で、シンプルでおしゃれな時計選びをしましょう。

プロスペックスのようなシンプルなダイバーズウォッチは、セレクトショップで取り扱うだけあって、シンプルな大人の着こなしと相性が抜群です。シャツやニットのようなこぎれいなアイテムにも合いますし、Tシャツやパーカーなどのカジュアルなアイテムにも馴染みます。

時計は1つあれば十分なので、さまざまな着こなしに馴染みやすいものを持っておくと便利です。

ネクタイを締めるようなビジネススタイルには合いませんが、Tシャツの上にジャケットを羽織るような休日着には相性がよいので、ぜひ揃えておきましょう。

【アクセサリー】

夏のファッションの
物足りなさを払拭！
イヤらしさのない
シンプルなものを選ぶ

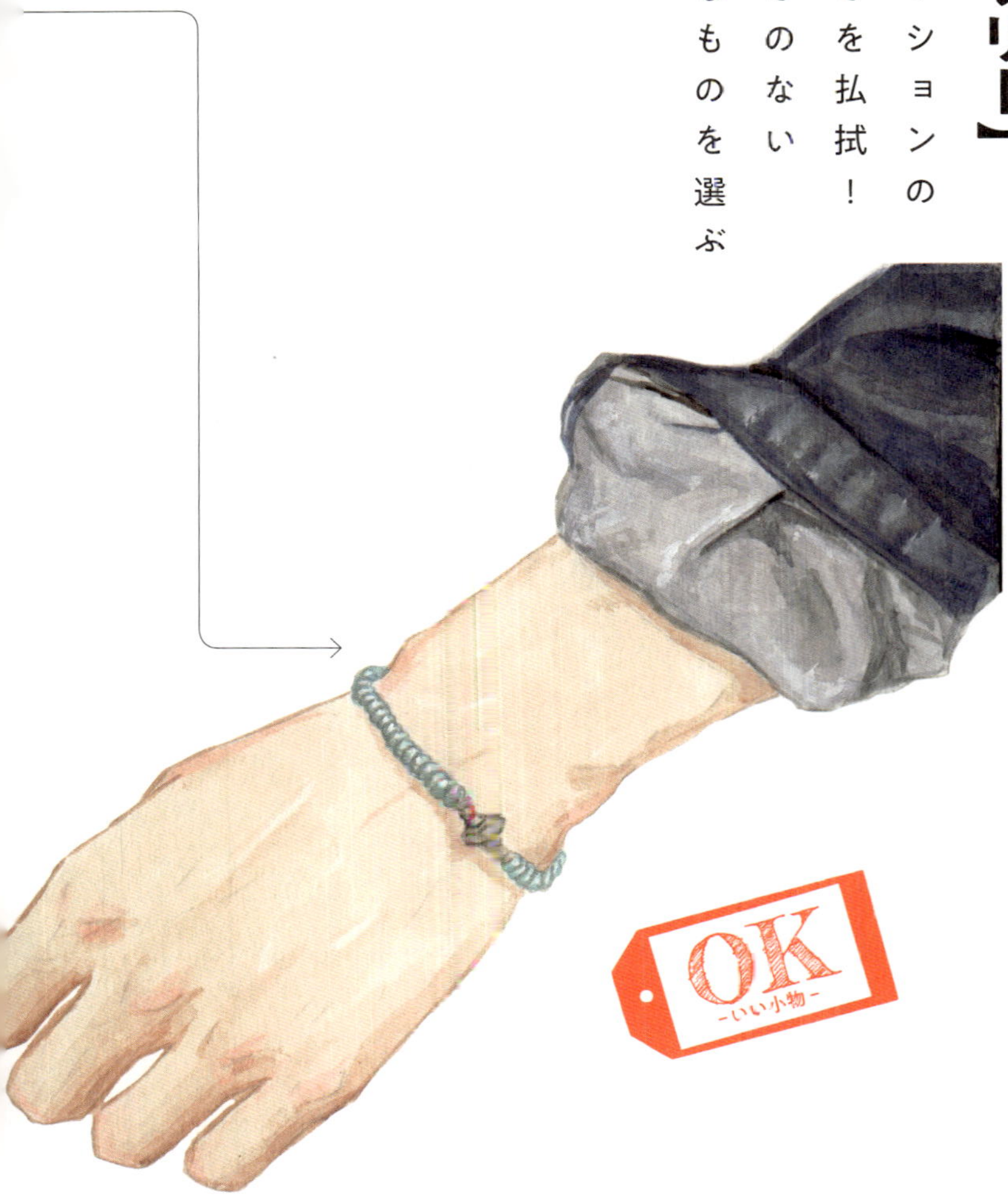

たったこれだけ！
いいアクセサリーの
選び方

・シンプルな「ブレスレット」がおすすめ
・素材は「ビーズ」や「石」でできたシンプルなものを選ぶ（腕にぐるぐる巻き付けるタイプのものではなく「一連タイプ」を）

お店 選び

・石のブレスレットは「SunKu」（7000円）がおすすめ。アンティークビーズや天然石を使った、センスのいいブレスレットを数多く扱っている
・レザーやビーズを使ったブレスレットは、セレクトショップのオリジナルのもの（5000円）がおすすめ
・どちらもZOZOや楽天などの通販で購入できる

これは
ダメな
アクセサリー…

ネックレスのように顔まわりに位置するアクセサリーはキザっぽく見えるため女性からの印象はあまりよくない。またピアスや指輪、ウォレットチェーンなど、複数のアクセサリーの重ねづけもNG

余裕があれば…

＋1 ITEM

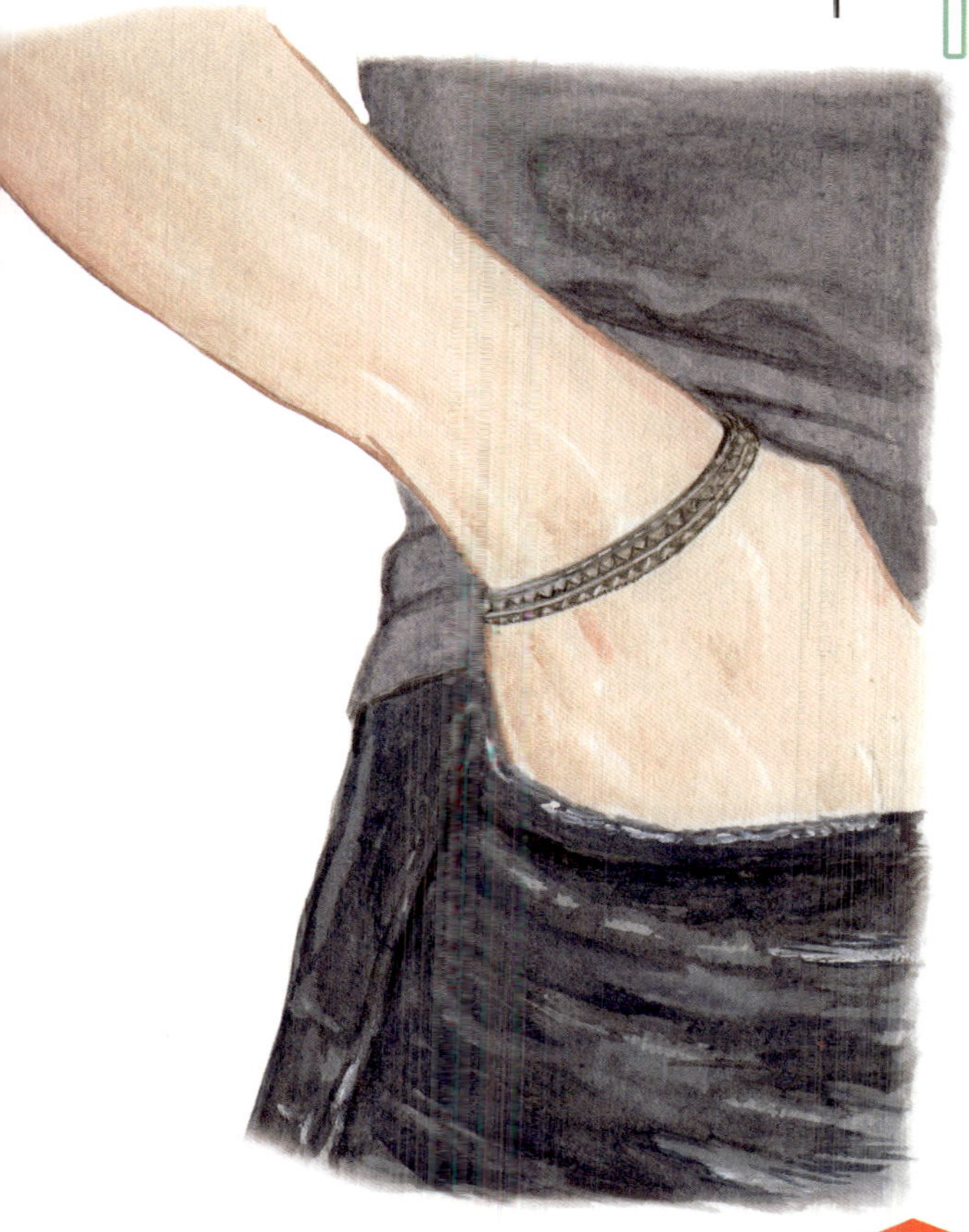

**「シルバーや真鍮のバングル」
（ナノ・ユニバースやビームスで 5000 円）**

ブレスレットの中でもバングルと呼ばれる、留め具のない「C」のような形のものもおすすめ。ビーズや石より光沢感があるため、シャープで上品な雰囲気が漂う。存在感の強いものではなく、「幅5ミリくらい」の細身でシンプルなデザインを選ぶ。
少し価格帯を上げるなら、「amp japan」や「PHILIPPE AUDIBERT」（どちらも1万 5000 円）がおすすめ。

アクセサリーを極める

アクセサリーと聞くと、ハードルの高さを感じる人も少なくないはずです。でも心配はいりません。ちょっとしたコツさえ知っておけば、誰でも気軽にアクセサリーを取り入れることができます。

本書で紹介してきたアイテムは、どれもシンプルなものばかりです。そこに1さじのアクセントを加えることで、「ふつう」から「ほんのりおしゃれ」に見せることができます。

アクセサリーは時計を含めて、全身で2点までに抑えましょう。

シンプルなブレスレットが1つあれば十分です。

ブレスレットは春夏の薄着の季節にこそ活躍します。暑くなると着る服の枚数が減り、腕の露出が増えます。そこにブレスレットを取り入れると、よいアクセントになります。

特に、Tシャツ1枚のときは、シンプルで退屈に見えがちです。そこにブレスレットを加えることでおしゃれに見せることができます。またリネンシャツをざっくりと腕まくりして、手首にビーズや石のブレスレットが見えるのもおしゃれです。

秋冬になると、ブレスレットの見える機会は少なくなりますが、ふとした瞬間に手首からのぞくのもまたおしゃれです。「人との違い」を感じるからこそ、人はおしゃれに感じるものです。ぜひ、シンプルなものからチャレンジしてみましょう。

【マフラー】

地味でも派手でもダメ！
程よいアクセントになる
マフラーを選ぶ

たったこれだけ！
いいマフラーの
選び方

・デザインは「表と裏で2色使いのもの」がおすすめ
・色は「ネイビー×ブルー」「ダークグレー×ライトグレー」「ネイビー×ブラウン」などの組み合わせを選ぶ
・素材は「ウール」か「カシミア」がベスト（アクリルなど化学繊維のものは毛玉になりやすい）
・柄物を選ぶ場合は、「グレンチェック柄」「千鳥格子柄」だとシンプルで品が良く見える

お店選び

・少し投資して、「ユナイテッドアローズ」や「シップス」、「エディフィス」の自社オリジナル（1万〜1万5000円）を選ぶ（マフラーが良いものだとコートも高級に見えるのでおトク）
・専門ブランドだと「Begg&co」がおすすめ（1万5000円）。柄のセンスも良く、着こなしに取り入れやすい

これは
ダメなマフラー…

複数の色を使ったマルチストライプは悪目立ちするのでNG。また、黒やグレーの無地も地味すぎてアクセントとしては物足りない

余裕があれば…

＋1 ITEM

「ハリスツイードのヘリンボーン柄の手袋」（5000円）

マフラーと並んで防寒に欠かせないのが手袋。シンプルすぎず派手すぎず、程よいアクセントになるものを選ぶ。おすすめは「グレー」や「ネイビー」のヘリンボーン柄。あるいは、グレンチェック柄もよい。コートが無地なぶん、手の先端部分に柄が入ることでおしゃれに見える。

一方でオールレザー素材の手袋はスーツにはよく合うが、カジュアルな雰囲気には馴染みにくい。ウールやカシミア素材のものを選ぶ。

マフラーを極める

真冬の防寒に欠かせないのがマフラーです。せっかくだったらおしゃれなものを選んで、着こなしのアクセントに添えましょう。

少し価格帯が上がりますが、「カシミア」を使ったものは肌触りもよく、上品な雰囲気が漂います。

マフラーは顔周りに位置するため、意外に目立つアイテムです。しっかり投資をして、上質なものを揃えると良いでしょう。

マフラーは着丈の長いステンカラーコートやチェスターコートに合わせます。

特にチェスターコートは首元が大きく開くデザインなので、マフラーを差し込むと温かいですし、良いアクセントにもなります。

ネイビーのコートにグレー系のマフラーは相性抜群です。

また、同系色のネイビーをベースとした2色使いのマフラーもグラデーション効果でよく馴染みます。

マフラーにはさまざまな巻き方がありますが、もっともオーソドックスなのは、「ワンループ」という方法です。

また、ぐるっと首に1周巻くだけのシンプルな巻き方もおすすめです。

あまり凝った巻き方は必要ありません。質のいいマフラーをシンプルに合わせるだけで、十分素敵に見えます。

3章

おしゃれが、めんどい

今さら聞けない「おしゃれ全般のこと」すべてに答える

アイテムと小物を選んだら、もうワンステップ。
1～2章で省いてきた「おしゃれ」をとりまく問題について、
最後の章でおさえておきましょう。
「試着」「体型」「髪型」「流行」など、
今さら人には聞きにくい疑問についてすべて答えました。
気になるところだけでも読んでみてください。
きっと、おしゃれがラクになるはずです。

1

試着が、めんどい

試着して買わなくても問題ない！3分間、見慣れてから決める

ここまで、「1秒で服を選ぶ方法」について書いてきました。

しかし、どうしても手を抜いてほしくないポイントがあります。

それが、「試着」です。

今は、インターネットで気軽に服が買える時代です。あなたも一度はオンラインで服を買ったことがあるでしょう。しかし、実際に届いた服を着てみると、「なんかイメージと違うな……」と感じたことはないでしょうか。

インターネットでの買い物は便利ですが、これは上級者向けの方法なのです。

私たちがまず揃えるべきなのは、ベーシックで着回しのしやすい服です。そして、ベーシックな服こそ、体へのフィット感、つまり「サイズ感」が重要です。

同じMサイズでも、お店によってサイズ感は異なります。私たちの体型は人それぞれ

違うので、着たものがなんとなくしっくり来ないということはよくあります。

面倒でも最初にしっかり試着をしておくことで、その後、コーディネートに迷うことなく、毎日をラクに過ごせるのです。

そのためにも、試着には手を抜かないようにしましょう。


「自分の体に合った服を買う」。これは基本ですが、意外とできていない人が多いです。同じようなシンプルな白シャツでも、できれば1つのお店で決めてしまうのではなく、**複数のお店を回って、ベストだと感じたものを買うようにしましょう。**

たとえば、まずはユニクロで試着してみる。次にグローバルワーク、グリーンレーベル、そしてエディフィスで試してみる。このように少しずつ価格帯を上げながら試着をしてください。

それぞれを比べてみた結果、「やっぱり高いものは違うな」と感じるかもしれません。一方で、価格ほどの違いは感じられないかもしれません。

ファッションが苦手なうちは、細かな違いにはなかなか気づけないものです。これは経験値が圧倒的に少ないことが原因です。

安い服と高い服の間には、デザインの繊細さ、生地の質感、作りの丁寧さ、服から漂う雰囲気など、プロの目から見ればちゃんとした違いがあります。

さまざまなものを試着して、肌で感じることで、初めて「違い」に気づけるようになります。手当たり次第に服を買って、失敗の中から経験値を増やしていくのは効率的ではありません。

まずは試着を何度も繰り返しながら、ファッションの経験値を高めていきましょう。

「5回以上、試着して1つ買う」ルール

試着には素晴らしいメリットがあります。私たちはどうしても似たような服ばかりを買ってしまうものです。しかし、同じ習慣から脱しないと、いつまで経ってもダサいままです。そこで、「今まで着たことのない服」を積極的に取り入れる必要があります。

たとえば、58ページで紹介したバンドカラーシャツ。まだ着たことがないという人も多いはずです。お店に並んでいても、視界にすら入らないかもしれません。

このようなものこそ、積極的に試着しましょう。

着た瞬間には、違和感を覚えるかもしれません。それでも時間が経つうちに、少しずつ目が慣れてくるはずです。

僕はこれを「**3分間の法則**」と呼んでいます。瞬間的に「これは似合わない」と判断せずに、まずは3分間我慢してみる。店員さんに、「ちょっと見慣れるまで着ててもい

いですか？」と一言かければ問題ありません。

試着をする前から、「きっと似合わないはず……」と決めつけるのではなく、気軽な気持ちで試着してみてください。これを着たらどうなるんだろう。なんか見慣れないけどおもしろい。このような考え方のクセを付けると、服の守備範囲はどんどん広がっていきます。

試着をした服は買わなくても、まったく問題ありません。

店員さんは断られることに慣れています。そこまで気を使う必要はありません。最初のうちは断ること自体に慣れてみてください。

「5回以上、試着をしてから1つ買う」くらいのペースでOKです。

「**イメージと違ったので今回は見送ります**」「**ちょっと考えてみます**」など、最初に断り文句を決めておくとスムーズです。即決しないと事前に決めておくとよいでしょう。一度冷静になって、それでも必要だと感じたら買うようにするのです。

以上、毎日の服選びを楽にするために、試着のコツをマスターしておきましょう。

2

体型が、めんどい

代表的な4大コンプレックスを服選びでカバーする

人によって体型はさまざまです。誰もが雑誌のモデルのような体型であれば、前のめりでファッションを楽しめるのですが、残念ながらそのような人は少数派です。身長が低い、ぽっちゃり体型、痩せすぎ体型、脚が短い……。人それぞれ、少なからず体型のコンプレックスを抱えています。

これらの悩みと服選びは密接につながっています。そして、**テクニックでカバーすることができます**。自信を持って堂々と服を着るために、体型カバーの基本を押さえておきましょう。

1「背の低さをカバーしたい」

身長を少しでも高く見せるためには、「**縦長感を出すこと**」が大切です。同じ高さでも、正方形と長方形では、後者のほうが高く見えます。

なるべくムダなゆとりをなくして、スッキリ見せることがポイントです。

最近トレンドになっているゆったりめのサイズ感よりも、「タイトなサイズ感」を目指すようにしましょう。それだけでも縦長効果を得ることができます。

また、服の柄も活かせます。ボーダー柄は横長に見えますが、ストライプ柄には縦長効果があります。54ページのようなストライプ柄のシャツを取り入れましょう。

2「ぽっちゃり体型をカバーしたい」

男性は30歳を超えるとお腹まわりが気になりはじめます。ここでテーマとなるのが、「**体型をすっきり見せること**」です。

まずは、色選びです。色には「収縮色」と「膨張色」があります。同じ面積でも、白と黒では後者のほうが小さく見えます。

これを服に置き換えると、黒やネイビーなどの濃い色を積極的に使うことで、着痩せ効果が見込めます。とはいえ、全身ブラックは重く見えるので、ネイビーのトップスにブラックジーンズを合わせるなど、**濃い色の中でも微妙に色味を変える配色がおすすめです**。

また、服のシルエットも大切です。

あまりにタイトすぎると、体型がそのまま出てしまいます。ややゆとりを持たせたサイズ感を意識しましょう。

たとえば、102ページのスラックスは、太ももまわりにはゆとりがありますが、膝から下は細くなっています。また、センタープレスが効いているため、脚が細く見えます。あえてタイトすぎないものを穿き、体型をカバーしましょう。

3 「痩せすぎ体型をカバーしたい」

痩せすぎの体型の人は、**「ボリュームを出すこと」**を意識します。

ぽっちゃり体型とは逆に、「膨張色」を積極的に使いましょう。たとえば白シャツ、ベージュのステンカラーコート、ホワイトジーンズなど、明るい色を取り入れることで、細い体型を視覚的にカバーすることができます。

また、「重ね着」もおすすめです。シャツの上に丸首のニットを重ね、その上にジャケットやアウターを羽織ってみる。このように着こなしに「奥行き」をつくることで、ボリュームを出すことができます。

また、実は、脚の太さを隠すだけでなく、細さをカバーするときにもスラックスが役立ちます。シルエットは細身ですが、脚とボトムスの間に空間ができるため、線の細さを隠すことができます。

4「脚の短さをカバーしたい」

脚の長さにコンプレックスを抱えている男性は意外と多いです。

ここでは、「**錯覚効果**」をうまく利用しましょう。

たとえば、ボトムスと靴の色を「黒」で揃えてみます。**遠目で見ると、ボトムスと靴が一体化して、脚の範囲が長く見えます**。

また、トップスの「着丈」にも注意しましょう。裾が長いアイテムは、脚が見える面積が少なくなるため、脚が短く見えてしまいます。Tシャツやシャツを買うときには、着丈が長すぎないかを必ず確認しましょう。もし長いと感じた場合は、お店でお直しをしてください。

以上、代表的な4つのコンプレックスの解決方法を見てきました。

体型のコンプレックスは、ある程度ファッションでカバーすることができます。

その一方で、あまりにコンプレックスを隠そうと必死になると、かえって悩みが深くなるのも事実です。

自分が思っているほど、人は相手のことを見ているわけではありません。必要最低限の体型カバー法を押さえておき、服選びで自信を持てるようにしましょう。

3

流行が、めんどい

トレンドを追う時代は終わった！ラクして「今っぽさ」を取り入れる

ファッション誌やテレビのおしゃれ特集で、「最近のトレンドは○○だ！」という表現をよく見かけます。

ファッションの世界にはトレンド、つまり流行が存在します。みなさんは現在、何が流行しているのか知っていますか。きっと多くの人が把握していないと思います。

それもそのはずで、かつての流行はとてもわかりやすいものでした。インターネットがないので、雑誌やテレビの影響が強く、街を歩けば同じアイテムを持っている人で溢れていました。

ところが今では価値観が多様化しました。

特に男性は、誰もが同じ方向を向いて、「流行」を追うようなことはしていません。結果、流行を理解しているのはファッション業界の人や、一部のファッション好きだけの「**趣味の世界**」になったのです。

流行というものは、実はゆるやかに変化をしています。たとえば、「サイズ感」でいうと、ここ数年はしばらく「タイトフィット」が定番でした。

流行には初期・中期・後期があります。

初期はおしゃれ上級者がこぞって取り入れる時期です。中期には一般の人も取り入れはじめ、少しずつ定番化していきます。後期はファッションに興味がない人でも取り入れる時期なので、誰が見ても違和感のない状態になります。

一方で、おしゃれな人は中期くらいから、まったく逆の方向を取り入れるようになります。タイトフィットが中期に差し掛かると、「ビッグシルエット」を取り入れるようになるわけです。

いわゆる逆張りです。

そして、少数派だったビッグシルエットが徐々に市民権を得て、タイトフィットが少しずつ古臭さを感じはじめる……。**このような繰り返しで流行は変化していきます**。

そしてスタイルにも流行が存在します。シンプル・タイトフィットのような王道的なファッションが流行る時代もあれば、複雑でインパクトのあるデザイン、ビッグシルエットといった、やや難解なファッションが流行る時代もあります。

それでは、私たち大人の男性はどのように流行と付き合えばいいのでしょうか。

素人でもカンタンに流行と向き合う方法

本書のコンセプトのように、「80点のおしゃれ」を目指す場合、実は、そこまで流行を意識する必要はありません。

シンプルでベーシックなアイテムを選べばいいのです。サイズ感もタイトすぎずゆったりすぎず、**「ふつう」を目指せばまったく問題ありません。**

流行の対極には、「定番」が存在します。

いつの時代も変わらないもの、それが定番です。

たとえば、ネイビージャケットや白シャツ、丸首のニット、ブルージーンズやステンカラーコート、これらのアイテムは、時代に大きく左右されない定番アイテムです。

そして、大人の男性には定番アイテムがよく似合います。攻めすぎることなく、定番を中心にコーディネートを構成すれば、決してセンスが悪く見えることはありません。

というより、無理をしてトレンドアイテム満載の服装をしても、大人の男性にはあまり似合いません。

流行アイテムは、全身の中で1つ、20～30%くらいに留めておくのが理想的です。あくまでベースは定番アイテムで構成して、アクセントとして流行アイテムを取り入れるくらいがちょうどいいです。

ちなみに、つねにアンテナを張って流行をとらえることはなかなか難しいものです。雑誌やネットで情報をキャッチアップし続けるわけにもいきません。

そこで意識したいのが、「定期的な服の入れ替え」です。

定番アイテムであっても、時代に合わせて少しずつ型がアップデートされています。サイズ感が変わったり、素材の風合いが変わったりなど、小さな変化が必ず加わっています。

つまり、**定番アイテムを定期的に買い換えることで、誰でも時代の雰囲気に合わせることができるのです**。昔のように、高級な一張羅を買って、10年以上着続けると、いつの間にか時代に取り残された古臭さを感じてしまうものです。

3～4年ごとに手持ちのアイテムを見直す。これこそが、素人でも簡単に流行を取り入れるコツです。

4

コーディネートが、めんどい

もう鏡の前であたふたしない！世界一ラクなコーディネート術

服選びにおいて大切なのは「アイテム選び」である。

本書では、繰り返しお伝えしてきました。ベーシックで使い勝手のよいアイテムさえ揃えておけば、あとは適当に合わせるだけでコーディネートは完成する。

これは間違いではありません。

ただし、1つ覚えておくだけで、コーディネートが劇的にレベルアップする「法則」があります。それが「**カジュアルときれいめのバランスを取る**」という法則です。

ダサく見える。おじさんっぽく見える。そんな人を観察していると「ある共通点」が見つかります。

それは、「**全身がカジュアルすぎる**」ということです。プリントの入ったTシャツにベージュのチノパン、スポーツブランドのロゴが大きく入ったスニーカー。このような着こなしには、「きれいめの要素」が一切ありません。すべてカジュアルなアイテムだけで構成されています。これでは、本人の見た目とファッションのギャップが大きすぎて、服がまったく似合いません。

歳を重ねるごとに、私たちはカジュアルな服が似合いにくくなります。それは10代、20代の頃のような肌のつや・髪のコシが失われますし、体型も変わるからです。

そんな中、失われた若々しさは、服で補うのが効果的です。積極的にきれいめなアイテムを取り入れるようにしましょう。

「きれいめ」「カジュアル」どっち？

服にはキャラクターがあります。

1章で何度も登場したように、「きれいめなアイテム」と「カジュアルなアイテム」の2つに大きく分けることができます。

たとえばジャケットはきれいめなアイテムに分類され、ブルージーンズはカジュアルなアイテムに分類されます。詳しくは次のページの表を参考にしてください。

それぞれのアイテムのキャラクターを理解しておきましょう。

コーディネートで大切なことは、「きれいめとカジュアルのバランスを取る」ということです。アイテムがどっちのタイプかを知り、全身のバランスを整えるのです。

カジュアル一辺倒にならないように、白シャツやネイビージャケットなど、必ずきれいめなアイテムを1つ取り入れましょう。
歳を重ねるごとに、きれいめなアイテムが似合いやすくなります。30代であれば、きれいめなアイテムを1〜2点取り入れるだけでも十分ですが、40代、50代と歳を重ねていくごとに、きれいめなアイテムの分量を増やしていくと、よりおしゃれに見えます。

ただし、全身がきれいめアイテムだけで構成されているのはNGです。

たとえばネイビージャケットに白シャツ、グレースラックスに黒のレザースニーカーという着こなしだと、私服ではなく、ビジネスカジュアルのような着こなしになります。白シャツを白の丸首ニットに替えて、カジュアルな要素を取り入れましょう。

また、**価格帯を上げることで、きれいめに見せることもできます。**たとえば1000円のTシャツと5000円のTシャツでは、後者のほうが素材の風合い、デザインの繊細さのおかげで「きれいめ」に見えます。
全身ユニクロも悪くないですが、あえてジャケットやコートの単価を上げてみる。それだけでも全体のクオリティが高まります。

カジュアル～きれいめのアイテム早見表

カジュアル

1. ショートパンツ、サンダル

2. ボーダーTシャツ、パーカー、ダウンジャケット、ブルージーンズ、ニューバランスのスニーカー、スリッポンスニーカー、バックパック、サコッシュ、ベリーショートソックス

3. 無地Tシャツ、ナイロンパーカー、白レザースニーカー、柄物の靴下、キャンパストートバッグ

（きれいめ／カジュアル どちらでも使える）

4. バンドカラーシャツ、ポロシャツ、ブラックジーンズ、黒レザースニーカー、マフラー、手袋

5. ストライプシャツ、リネンシャツ、丸首ニット、デザートブーツ、レザートートバッグ

6. 白シャツ、カーディガン、ステンカラーコート、ホワイトジーンズ、ローファー、アクセサリー

7. ネイビージャケット、スラックス、チェスターコート

きれいめ

5

髪型が、めんどい

「清潔感のある髪型にしてください」この一言だけでOK！

服を変えたのに、なんだかしっくりこない。

そんなときに疑ってほしいのは、「ヘアスタイル」です。

本書は、「服」がテーマですが、おしゃれに見せるうえで髪型はとても大事な要素です。

ファッションが完璧でも、ヘアスタイルがイマイチだと残念ながら素敵には見えません。人は相手の顔を見て話します。つまり、顔まわりに位置するヘアスタイルは、想像以上に見られています。特に、女性は男性の髪型に敏感です。

ヘアスタイルもファッションの一部だと考え、ちゃんと整えることが大切です。

髪型に気を配っていない男性は、意外と多いです。

１０００円カットや昔ながらの理容室で、10年以上、同じようなヘアスタイルを頼んでいる。それでは、素敵に見せることはできません。**必ず「美容室」で髪を切るようにしましょう**。美容室に行けば、今のトレンドに合ったヘアスタイルを提案してくれます。

極端な話、美容室に行って「清潔感のあるヘアスタイルにしてください」と注文するだけで、大きな失敗は避けられます。とはいえ、美容室は最初のうちは気恥ずかしくて、なかなか入りにくいものです。

職場の知り合いや友人、あるいは彼女や奥さんの紹介などで、ぜひ美容室にチャレンジしてください。

一度行ってしまえば、それからはラクなはずです。月に一度を目安にして、定期的に美容院でヘアスタイルを整えるようにしましょう。

朝の「ひと手間」を惜しまない

それでは、私たち大人の男性はどのようなヘアスタイルを目指すべきでしょうか。流行を意識した「今っぽいヘアスタイル」にするべきなのでしょうか。

安心してください。無理をして凝ったヘアスタイルにしなくても大丈夫です。髪を染めたり、パーマをかける必要もありません。

清潔感があって、大人っぽく見えるヘアスタイルで十分です。

どのような髪型がおすすめかというと、**「サイドとバックをすっきりカットして額を見せる」**スタイルです。

2019年現在だと、俳優の反町隆史さんのヘアスタイルがよい参考になります。反町さんといえば、以前はロングヘアが象徴的でしたが、今では清潔感の漂う大人っぽいヘアスタイルになっています。あるいは、左の表を参考にしてください。

そして、髪を切ったあとには日常的なヘアセットも心がけましょう。

カットしてもらったあとに、**美容師さんに詳しくセット方法を聞いてください**。セットの際には美容師さんにおすすめされたヘアセット剤を使うとラクです。あくまで自分一人で再現できることが大切です。

毎朝やることは、起きたら頭をシャワーで濡らしてください。手でちょっと濡らしたくらいでは寝グセを取ることはできません。

そして、ドライヤーで乾かしたあと、美容師さんに薦めてもらったヘアセット剤でセットをします。このひと手間を加えるだけで、簡単に清潔感の漂うヘアスタイルは完成します。

以上、せっかく買った服を台無しにしないため、髪型にも気を配りましょう。

誰でも似合う髪型が見つかるおすすめサイト

1. 男前研究所

https://otokomaeken.com/hair/4526

2. TASCLAP

https://mens.tasclap.jp/a1664

3. ビューティーBOX ヘアスタイル

https://www.beauty-box.jp/style/business/

6

手入れが、めんどい

実はみんな洗濯しすぎ！正しいお手入れのルール

カジュアル用のシャツ、あなたは何回着たら洗濯しますか。

ビジネス用のシャツであれば、直接肌に触れるものですし、シワが目立つといけないので、1回着たら洗濯する人が多いはずです。

その一方で、カジュアル用のシャツになると、Tシャツの上に重ねて着ることも多いですし、当日しか着ないことも多いため、人によって洗濯頻度は異なります。

1回着たら洗濯する人もいれば、1シーズンに1〜2回しか洗濯しない人もいるようです。どれくらいの頻度で洗濯をするのがベストなのでしょうか。

前提として、服は洗濯を重ねるごとに少しずつ傷んでいくということを理解しておきましょう。

新品が一番コンディションのよい状態で、あとは着たり、洗濯することで少しずつ劣化していきます。つまり、洗濯の回数を増やすと、それだけ服の寿命も縮まります。

1「肌に触れるアイテム」について

Tシャツやインナーのように直接肌に触れるものは、一度着たら洗濯するようにします。これらのアイテムは、「**消耗品**」だと考えましょう。まだ着れたとしても1年に一度は買い換えるのがベストです。

2「肌に直接触れないアイテム」のお手入れ

シャツやニットなどの**トップスは、「3～4回」**着たら洗濯するくらいで十分です。

ボトムスも毎回洗濯するのではなく、**汗をかく夏は「2～3回」、春・秋・冬は「5回」**穿いたら洗濯するくらいの頻度でOKです。

3「アウターアイテム」のお手入れ

ジャケットやコートなどのアウターは、さらに洗濯頻度が少なくてかまいません。「**1シーズンに1～2回程度**」で十分です。

特にアウター類は洗濯すると、あっという間に風合いが損なわれてしまいます。日頃のケアとしては、「**衣類用のブラシ**」で軽くホコリとよごれを落とすくらいで十分です。

意外と洗濯をしすぎている人が多いので、少し減らすようにしてみてください。

4「シューズ」のお手入れ

大人の男性はビジネス用の革靴のお手入れは熱心ですが、カジュアル用のシューズはまったく手入れをしない人が多いです。

月に一度でかまいませんので、ちょっとしたメンテナンスを取り入れましょう。そうすることで、清潔感を保って長く使うことができます。

スニーカーの場合、専用のクリーナーを持っておくと便利です。

特にスニーカーで汚れが目立つのは、ソール部分です。横から見たときにソールが汚れていると非常に目立ちます。お掃除用品の「メラミンスポンジ」を使って磨くと、簡単に汚れが落ちるので、ぜひ試してみてください。

服は「いつ」捨てればいいのか

服を手放すタイミングについても理解しておきましょう。

洗濯していても、くたびれた服からは清潔感が漂いません。定期的に服を入れ替えるようにしましょう。

見るべきポイントは、「**首元**」です。首まわりがヨレていないかを確認して、アイロンをかけてもヘタれてしまうようなら寿命です。ちなみにコットン100％のTシャツは、ヨレた襟元を氷水に漬けるとある程度は復活します。

特に、「白」のアイテムは着ているうちに少しずつ黄ばんでくるものです。洗濯しても黄ばみが取れなくなってきたら捨てるタイミングです。

ボトムスは比較的丈夫にできていますが、**お尻部分の生地がテカってきたり、膝の部分が伸びて、立った状態でぽっこり出るようになったら買い替えのサインです。**

最近のストレッチの効いたジーンズは、特に膝が出やすいので注意しましょう。ちなみに、ボトムスの後ろからアイロンをかけると、ある程度は戻ります。

アウターやジャケットは、洗濯頻度が高くないので、その気になれば10年以上も着られてしまいます。ただ、これまでも述べたように、ファッションには流行があります。フィット感や着丈のバランスには流行が反映されるので、**きれいな状態であっても3～4年に一度は見直し、買い替える**ようにしましょう。

7

キャラが、めんどい

2パターンのどちらか。まずは「型」にハマる

同じ服を着て、同じコーディネートをしているはずなのに、似合う人と似合わない人がいます。

それも当然です。人によって体型や顔立ちは違います。実はもう1つ、似合う似合わないを大きく左右する要素があります。

それが、「本人の人柄」です。

人柄といっても千差万別なので、簡単に2パターンで分けましょう。

「物静かで保守的な人」と「元気で好奇心旺盛な人」です。この2つでは、似合う服が大きく異なります。

物静かなタイプの人には、華やかな色や奇抜なデザインの服は似合いません。

どうしても「服に着られてしまう」からです。一方で芸能人を見ていても、キャラが立っていて、元気なタイプの人は、派手な服でも着こなせてしまいます。

自分のタイプを把握せずに、別のタイプの服装を選んでしまうと、印象で大きく損をしてしまいます。まずはザックリと自己分析をしましょう。

1「物静かで保守的な人」の服選び

こちらのタイプの人には、本書で紹介しているベーシックなファッションが似合います。ヘタに遊びの要素は取り入れず、シンプルに、丁寧に着こなすことが大切です。色選びやアイテム選びで背伸びをしてしまうと、服に着られてしまいます。

たとえば、ネイビージャケット、白シャツ、ブルージーンズ、ブラックジーンズ、グレーの丸首ニットなど、オーソドックスなカラーで、しかも無地のものから揃えるようにしましょう。

2章で紹介した**アクセサリーやサングラスなども、無理して取り入れる必要はありません**。いきなり飛び級をしておしゃれ上級者を目指すのではなく、階段を1段ずつ登るような感覚で服をアップデートしていきましょう。

2「元気で好奇心旺盛な人」の服選び

一方で元気で好奇心旺盛なタイプの人には、ベーシックすぎるスタイルは物足りないかもしれません。

もちろん、ベーシックな着こなしは誰にでも似合うのですが、このタイプの人は、いろいろな服を着こなせてしまいます。多少の遊びを加えたほうがいいでしょう。

とはいえ、奇抜なアイテムや色はNGです。

本書で紹介したアイテムの中でも、ボーダーTシャツ、ホワイトジーンズ、ナイロンジャケット、パーカー、ブレスレットなど、アクセントとなるようなアイテムを着こなしの中に積極的に取り入れてみてください。

物静かな人は、「0〜1点」、好奇心旺盛な人は、「2〜3点」のアクセント要素を加えてみるのがちょうどよいでしょう。

また、ベースを整えたら、トレンド要素を積極的に取り入れていきましょう。着こなしの7割はベーシックなアイテムを選び、残りの3割にアクセントやトレンドを取り入れる。このバランスが理想的です。

結局は「慣れ」である

人柄によって2タイプの服選びを説明しました。

そう言うと、「保守的な人はずっとベーシックな着こなしだけをしていればいいのか」という質問が出てきそうです。

似合うかどうかを左右する要素には、もう1つ「慣れ」が大きく関係します。初めて着る服には、誰もが少なからず違和感を覚えるはずです。

保守的なタイプの人はその傾向がより強く、好奇心旺盛な人は、わりとその違和感さえも楽しめてしまうものです。

保守的な人であっても、158ページのように試着を繰り返して少しずつ目を慣らしていくと、守備範囲は広がっていきます。

ますはベーシックなアイテムをしっかりと買い揃える。ある程度揃ったら、1つずつアクセント要素を取り入れて、目を慣らしていく。そうすることで、保守的な人でも少しずつおしゃれの階段を登ることができます。

ファッションは気持ちにも大きく左右されます。似合う服というのは、自信を持って着られる服です。この範囲が広ければ広いほどおしゃれに見せることが簡単になります。

少しずつでいいので、自信を持って着られる服を増やしていきましょう。

8

人の意見が、めんどい

意見を聞きすぎると、失敗する可能性が高くなる

「服は奥さんに買ってきてもらっている」

「いつも店員さんにおすすめされた服を買っている」


このような男性はとても多いです。苦手な服選びを人に任せる。これをラクしていると思っている人もいるかもしれません。しかし、実は失敗の大きな原因になっていることが少なくありません。


「女性＝おしゃれ」と考えている男性は多いです。

たしかに、男性に比べると情報量が多く、女性に任せれば、なんとなくおしゃれになれそうな気もします。

ところが、そううまくはいきません。

男性と女性では、ファッションの基本的な考え方が違います。女性の服にはアイテム数や色数、柄物など、選択肢がたくさんあります。

だから、**女性に任せると、「盛りすぎた男性ファッション」になることが多いのです。**

やはり女性は、男性ファッションの専門家ではありません。彼女や奥さんに服選びを丸投げしたり、意見を聞きすぎるのはやめましょう。

店員さんは「販売のプロ」

また、店員さんに服選びを任せてしまっている男性も多いです。店員さんはファッションのプロですから、センスのいい提案をしてくれそうな気がします。

ところが、店員さんはファッションのプロでもある一方、販売のプロでもあります。任せっぱなしにすると、ついムダな服まで買ってしまいます。

店員さんに薦められて勢いで買ったけど、ほとんど着なかったような服はありませんか。あなたが今どんな服を持っていて、どんなファッションを目指しているのかまで、店員さんは考えてくれません。店員さんに任せっぱなしにするのはやめましょう。

自分の服は、自分で選ぶ。

ある程度の手間をかけることで、服を大事に着たり、丁寧に扱うようになります。長期的に見るとトクをします。

まわりまわって、それが一番コスパがいいのです。

自分がどんな服を持っていて、どういう体型のクセがあり、どういう性格なのか。これまで述べてきたことに、ちゃんと向き合ってみてください。すると、その後の服選びが格段にラクになります。

少しずつ服に自信が持てるようになったら、そこで初めて人の意見を聞いてみましょう。

自分の中で軸を持ったうえで女性目線を取り入れることで、着こなしに柔らかさや親しみやすさを出すことができます。また、店員さんのアドバイスから旬な着こなしを取り入れることができるようになります。

肝心なのは、「軸を持つこと」。

本書で紹介したことをマスターして、人の意見に流されない軸を作り上げましょう。

おわりに

「書きたい本が、ない」

これが1年前の僕の率直な気持ちでした。

ファッションの基本を誰よりもわかりやすく、言葉に乗せて伝えたい。そんな気持ちで本を書いたのが今から5年前の2014年。ありがたいことに、あれから数冊の本を出させていただいて、メンズファッションの基本を、あますことなくお伝えしてきました。

そうなると、1つのある疑念が頭の中に浮かびました。

それが、「書きたい本が、ない」という一言でした。もうさんざん語り尽くしたし、これ以上、世の中に訴えたいことはない。そんなことを感じるようになりました。

しかし、どうでしょうか。

街ゆく人を眺めていても、相変わらずおしゃれな人は絶対的に少数で、おしゃれが苦手な人のほうが圧倒的に多いわけです。この現状は、僕が「ファッション書」を書きはじめてから、そう大きくは変わりません。

「この状況を少しでも変えるためには何ができるのか」

それを考え尽くしてみると、答えはとてもシンプルでした。

やはり、

「とことんわかりやすいファッション書を作ること」

これしか方法はなかったのです。

そうやってできた本書『服が、めんどい』は、ぶっ飛んでいます。

まず、主張がぶっ飛んでいる。「ファッションがめんどい」という身も蓋もないところから本書は出発しました。これまでにあるような、一部の「おしゃれが好きな人のための本」ではありません。ファッションが面倒で仕方なく、服を買うのもコーディネートを考えるのも苦痛だと感じる。そんな普通の男性のため、つまり、あなたのための本です。

とはいえ、見た目で損をするのはイヤだから、史上最短距離でサクッと80点を実現する。それが本書の目的でした。

この本の一番の特徴は、もしかしたら「動物が服を着ている」という点かもしれません。どうでしょう。ものすごいインパクトですよね。僕自身、初めてイラストを見た瞬間に度肝を抜かれました。

ありえないのに、なんかリアル。

もし、ここにイケメンの顔をはめ込んだら、一気に「見たことある本」になります。

「それじゃ自分ごとに思えない」

「本来のおしゃれ嫌いな人に伝わらない」

そんな思いからこのようなアプローチが生まれました。

奇をてらうのではなく、真っ当に、とことんわかりやすく、読者のみなさんを想像しながら本書を作り上げました。だからもうこれ以上、わかりやすく書ける自信はありません。

この本を使って、まずは書いてあるとおりに服を選んでもらいたいと思います。

何事も「最初の一歩」が一番難しいものですが、まずは1着揃えてみる。最初の一歩さえ越えてしまえば、一気に人は変わりはじめます。

その先は、ぜひ「自分らしいファッション」を目指していってほしいなと思っています。ファッションがみなさんにとって、毎日の気分を高めてくれる存在になったとしたら、まさに作者冥利に尽きます。そして、街ゆく男性がおしゃれに変わっていることを肌で感じられる日が来るとしたら、最高に嬉しいです。その日はうまいお酒が飲めそうです。

最後まで読んでいただきまして本当にありがとうございました。

どこかでまた、お会いしましょう！

スタイリスト　大山 旬

［著者］
大山 旬（おおやま・しゅん）
スタイリスト。株式会社SO styling代表取締役。アパレル販売職、転職アドバイザーを経て2009年5月に独立。一般人を対象に3000名以上のファッション改善を行う。主に経営者・専門家に向けたスタイリングアドバイス、およびビジネスにおけるキャリアアップを目的としたスタイリングを得意としている。また、日本最大のファッション学習サイト「メンズファッションスクール」を主宰。大人の男性に向けてファッションの基本をわかりやすく解説し、利用者数は累計1000名を超える。
著書に、『最強の「服選び」』（大和書房）などがあり、「めざましテレビ」（フジテレビ系列）、「おはよう日本」（NHK）、「読売新聞」、「AERA」（朝日新聞出版）など、メディアへの出演も多数。趣味は旅とランニング。男の子と女の子の2児の父。

［絵］
須田浩介（すだ・こうすけ）
1987年生まれ。2008年創形美術学校卒業。
フランス・パリ国際芸術会館シテデザールに派遣。跡見学園女子大学、創形美術学校、非常勤講師。アクリルガッシュを使用したファッション感のある人物、動植物のイラストレーションを描く。商業施設のキャンペーン、書籍、雑誌挿絵、ポスター等の仕事を手がける。

服が、めんどい
——「いい服」「ダメな服」を1秒で決める

2019年11月13日　第1刷発行
2019年11月26日　第2刷発行

著　者——大山 旬
絵————須田浩介
発行所——ダイヤモンド社
〒150-8409　東京都渋谷区神宮前6-12-17
http://www.diamond.co.jp/
電話／03·5778·7232（編集）　03·5778·7240（販売）

ブックデザイン—清水真理子（TYPEFACE）
校正————円水社
製作進行——ダイヤモンド・グラフィック社
印刷・製本 —三松堂
編集担当——種岡 健

ISBN 978-4-478-10733-1

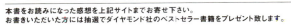